100位

为新中国成立作出突出贡献的英雄模范人物

李硕勋

闫 峰/编著

吉林文史出版社

图书在版编目（CIP）数据

李硕勋 / 闫峰编著. -- 长春：吉林文史出版社，
2011.4（2022.4重印）
（100位为新中国成立作出突出贡献的英雄模范人物）
ISBN 978-7-5472-0539-6

Ⅰ．①李… Ⅱ．①闫… Ⅲ．①李硕勋（1903～1931）一
生平事迹 Ⅳ．①K827=6

中国版本图书馆CIP数据核字(2011)第050734号

李硕勋

LISHUOXUN

编著/ 闫峰

选题策划/ 王尔立　责任编辑/ 王尔立

装帧设计/ 韩璘

出版发行/ 吉林文史出版社

地址/ 长春市福祉大路5788号　邮编/ 130118

电话/ 0431-81629363　传真/ 0431-86037589

印刷/ 天津海德伟业印务有限公司

版次/ 2011年4月第1版 2022年4月第6次印刷

开本/ 640mm×920mm　1/16

印张/ 9　字数/ 100千

书号/ ISBN 978-7-5472-0539-6

定价/ 29.80元

《100位为新中国成立作出突出贡献的英雄模范人物》丛书

★★★★★

编　委　会

/100位

为新中国成立作出突出贡献的英雄模范人物/

八女投江	于化虎	小叶丹	马本斋	马立训	方志敏
毛泽民	毛泽覃	王尔琢	王尽美	王克勤	王若飞
邓　萍	邓中夏	邓恩铭	韦拔群	冯　平	卢德铭
叶　挺	叶成焕	左　权	诺尔曼·白求恩		任常伦
关向应	刘老庄连	刘伯坚	刘志丹	刘胡兰	吉鸿昌
向警予	寻淮洲	戎冠秀	朱　瑞	江上青	江竹筠
许继慎	阮啸仙	何叔衡	佟麟阁	吴运铎	吴焕先
张太雷	张自忠	张学良	张思德	旷继勋	李　白
李　林	李大钊	李公朴	李兆麟	李硕勋	杨　殷
杨子荣	杨开慧	杨虎城	杨靖宇	杨闇公	萧楚女
苏兆征	邹韬奋	陈延年	陈树湘	陈嘉庚	陈潭秋
冼星海	周文雍、陈铁军夫妇		周逸群	明德英	林祥谦
罗亦农	罗忠毅	罗炳辉	郑律成	恽代英	段德昌
贺　英	赵一曼	赵世炎	赵尚志	赵博生	赵登禹
闻一多	埃德加·斯诺		夏明翰	格里戈里·库里申科	
狼牙山五壮士		聂　耳	郭俊卿	钱壮飞	黄公略
彭　湃	彭雪枫	董存瑞	董振堂	谢子长	鲁　迅
蔡和森	戴安澜	瞿秋白			

前 言

　　每个人的心中都多少有一点英雄情结，都向往英雄、景仰英雄。也正因此，在中华人民共和国建国六十周年之际，由中央十一部委联合组织开展的"100位为新中国成立作出突出贡献的英雄模范人物和100位新中国成立以来感动中国人物"的评选活动中，群众参与投票总数近一亿。这其中的每一张选票，都表达了人们对英雄模范的崇敬之情，寄托着对伟大祖国的美好祝福。

　　一个民族不能没有英雄，否则这个民族就不会强大。当国家危难之时，懦弱者选择了逃避、妥协甚至投降，英雄们却挺身而出，用热血捍卫民族的尊严，人民的幸福。在创立和建设新中国的伟大历程中，涌现出无数可歌可泣的英雄模范人物。他们之中，有为了民族独立和人民解放而英勇牺牲的革命先烈，有为了党和人民的事业而不懈奋斗的优秀共产党员，有在全民族抗战中顽强奋战、为国捐躯的爱国将士，有英勇杀敌的战斗英雄和革命群众，有积极从事进步活动的著名民主爱国人士和国际友人……他们是民族的脊梁、祖国的骄傲，是激励全体人民团结奋斗的精神力量。

　　《100位为新中国成立作出突出贡献的英雄模范人物传记》丛书，就像一部星光璀璨的英雄谱，真实、完整地记录了英雄模范人物不平凡的一生，再现了他们非凡的人格魅力和精神世界。"头颅可断腹可剖"的铁血将军杨靖宇，"毫不利己，专门利人"的白求恩，"抗战军人之魂"张自忠，"砍头不要紧"的夏明翰，"俯首甘为孺子牛"的文化斗士鲁迅……一串串闪光的名字，一个个动人的故事，犹如群星闪烁，光耀中华。

　　如今，战火已熄，硝烟已散，英雄已逝，我们沐浴在和平的幸福之中。在和平年代，人们不会忘记为今日的和平浴血奋战的英雄们，英雄的故事永远不会结束。让我们用英雄的故事唤醒我们心中的激情，为中华民族的伟大复兴而奋斗。

生平简介

李硕勋（1903-1931），男，汉族，四川省高县人，中共党员。

李硕勋 1923 年考入国共合作的上海大学，1924 年加入中国共产党。五卅运动期间，他积极投身上海的反帝爱国斗争，被选为上海学生联合会代表和全国学生联合会会长。1925年至 1926 年，先后主持召开第七、八届全国学生代表大会。1926 年冬受党派遣到武汉，担任中共武昌地委组织部长、共青团湖北省委书记。不久又被派到国民革命军第四军第二十五师任政治部主任。1927 年参加南昌起义，被任命为第十一军第二十五师党代表兼政治部主任。后随起义部队南下广东，同年 10 月受朱德委派，赴上海向党中央汇报起义部队情况。随后被党中央留在上海，从事党的白区工作。1928 年 4 月起，先后任中共江苏省委秘书长、中共浙江省委常委、军委书记、省委代理书记。1929 年春任中共沪西区区委书记，同年秋任中共江苏省军委书记，与省委书记李维汉一起发动和领导了苏北农民起义。1930 年任中共江南省委（江苏、安徽、浙江和上海市）军委书记。1931 年春党中央调他去中央革命根据地任红七军政委。不久被任命为中共广东省军委书记。同年 7 月在去琼州（今海南岛）指导工作的途中不幸被捕，在狱中大义凛然，忠贞不屈，英勇就义，年仅 28 岁。

1903-1931
[LISHUOXUN]

◄李硕勋

目 录 MULU

■一个大无畏的共产党人（代序） / 001

　　■蜀之英华（1903–1922） / 001

巴山蜀水养育的英才 / 002
虽然家境贫寒，但深谙知识用处的父亲，还是把几个孩
子送去学校，接受教育，李硕勋从小就机敏聪慧并且富
有正义感。　　　　　　　　　　　　**0–13岁**

14岁　　**爱打抱不平的少年** / 004
森严的军阀军营，闯进了一位要找长官辩理的少年。

投笔从戎 / 006
小小少年却已经有了参加军队反帝反军阀的志向，却因
年龄不够没被四川讲武堂录取。　　　**15–16岁**

16–17岁　　**踏上政治舞台** / 008
受五四运动新文化、新思想的影响，李硕勋带领宜宾叙
联中学的学生，掀起了一场反日风潮。

找寻真理之路 / 010
在四川省一中，李硕勋第一次接触了无产阶级先进思
想，为他早已萌发的反帝反封建思想打下了坚实的理
论基础。　　　　　　　　　　　　　**18岁**

18-19岁

积极参加学生运动 / 012
他积极参与领导了四川教育经费独立案和择师运动，初步展现了他作为学生运动领袖的才华。

■ **杰出学生运动领袖（1923-1925）** / 019

开展全国学生运动 / 020
1923年考入上海大学，系统地学习马列著作。1924年由青年团员转为正式共产党员。
20-21岁

领导学生、工人开展反帝运动 / 022
先后组织上海的学生、工人参加反帝运动，举行罢工。认识到工人在反帝运动中的重要作用。出席第七届全国学生代表大会。
21-22岁

建立革命舆论阵地 / 028
重新组织发行《中国学生》周刊。通过反帝运动，认识到开展武装革命的重要性，提议建立学生军。
22岁

为共产主义奋斗终生 / 031
李硕勋被选为上海反帝大同盟主席，带领全国学生开展反帝运动。在《中国学生》上发表多篇文章，揭露帝国主义的阴谋。
22岁

推动学生运动蓬勃发展 / 036
带领学生参加反关税会议；投身非基督教运动；支持女子教育事业发展。
22-23岁

入党校学习 / 042
进入上海高级党校学习，在钻研理论的同时不忘开展形式多样的学生运动；以《中国学生》为阵地，宣传先进思想。
23岁

主持第八届全国学生代表大会 / 047

在周恩来等同志的指导、帮助下，成功地召开第八届全
国学生代表大会；同赵君陶同志结为夫妻；因工作需要
被派往武汉参加革命军队。 **23岁**

■**驰骋疆场（1926–1927）** / 053

深入部队开展工作 / 054

到武汉后任中共武昌地委组织部长。配合叶挺为独立团招
兵。加强青年团的思想建设、组织建设。 **23岁**

参加北伐 / 058

23–24岁 任国民革命军第四军第二十五师政治部主任。参加收
回汉口英租界运动。蒋介石发动反革命政变，李硕勋带
领第二十师的两个团奉命掩护北伐部队。

南昌起义 / 065

李硕勋率领"铁军"参加南昌起义。协助兄弟部队夺取
会昌城。 **24岁**

三河坝战役 / 074

在朱德同志领导下，带领第二十五师驻守三河坝，李
硕勋身先士卒带领战士成功击退敌人多次进攻。因李
硕勋熟悉上海情况，派他回上海同党中央联系，汇报
24岁 二十五师情况。

■**白区战斗（1928–1930）** / 083

镇定自若 化险为夷 / 084

因工作需要，李硕勋被留在上海开展地下工作。多次化
解党组织和个人的危险。 **25岁**

为革命事业四处奔波 / 086

25–26岁 先赴武汉工作，但因反动派监视无奈离境。后赴杭州
主持开展江浙一带的反帝运动。

返回上海 / 091
任沪西区区委书记,此时上海白色恐怖越来越严重,李
硕勋将生死置之度外,积极奔走各区联络开展工作。 **26岁**

重返军界 / 094 ·
在江苏如泰地区建立工农红军第十四军。组织开展农
26-27岁 民、青年、工人、妇女运动。筹建工农红军第十五军。

胸怀坦荡 坚持真理 / 104
坚持以工人、农民为主的武装斗争,反对"左"倾冒险
主义;领导建立工农红军第十七军;深入江苏、浙江、
安徽三省发动农民进行游击战。 **27-28岁**

广泛开展上海的地下革命运动 / 109
在此期间,李硕勋广泛开展工人运动。加强巩固党组
织的建设,加大党的宣传工作的力度,提高党员的政治
28岁 思想觉悟。

■**铮铮铁骨(1931)** / 115

远赴香港 / 116
因工作需要本来要去红七军的李硕勋留在香港领导广
东省委工作,开辟了粤北革命根据地。妻子赵君陶也被
派来给他做掩护。为支持海南岛斗争,李硕勋被派往琼
28岁 崖策划当地游击战。

琼山监狱慷慨就义 / 121
因叛徒出卖,李硕勋被反动派逮捕。在狱中他誓不降
敌,宁死不屈。为阻止妻子来琼收尸,挥笔写下两封遗
28岁 书后慷慨赴义。

■**后记 追随着英烈的足迹开拓进取** / 127

一个大无畏的共产党人（代序）

　　李硕勋，一个不能说鲜为人知的名字，但知者恐怕不多，但说起他的儿子李鹏、大家却一定不陌生。也许有人会说，有这样一对出色的儿女，他一定是位了不起的父亲，是的，他不只是一位了不起的父亲，更是一位大无畏的革命战士。

　　而他之所以不为大家所熟悉，绝不是因为他缺少撼人心弦的事迹，而是他走得太早，走得太匆忙！他死于日本帝国主义对中国发动全面武装侵略的 1931 年九·一八事变的前 13 天，即 9 月 5 日。在那个动荡不安、苦难深重的岁月，他只活了短短的 28 年！28 岁正是人生的黄金时刻，他却带着对中华民族命运的忡忡忧心，带着对人民革命事业的挚挚追求，带着对妻子儿女深深的不舍，步伐坚定地走向另一个世界。他用自己满腔的热血写下一首革命的赞诗，用自己短暂但瑰丽的人生为后来人在心中点燃了一堆不熄的篝火。

　　时至今日，在他当年就义的海口市东校场刑场，人们仿佛依然能够看见他受过酷刑的身躯，依然能够听到他那发自内心的呐喊声："打倒蒋介石！""打倒国民党反动派！""中国共产党万岁！"他那高高仰起的头颅，迎着敌人的子弹，任凭鲜血从胸腔里流出，染红了衣襟！从容自若，正气凛然。那情形，那气势，使面前的刽子手们都不寒而栗，慌乱中再次开了枪……

　　全国胜利后，他的妻子，第四届、第五届全国政协委员赵君陶曾写下一首《题硕勋遗照》：

> 英姿栩栩肖生死，
>
> 出入龙潭虎穴间，
>
> 不悲未竟平生志，
>
> 红旗染有公血鲜。

1951年1月2日，郭沫若为李硕勋的遗书题跋："五星红旗是无数志士的鲜血染成的，李硕勋同志的血也在里面煊耀着。捧读遗书，从容就义、慷慨临刑的精神跃然于纸上，使千百代后人见之，亦当肃然起敬。这是中国人民革命成功的佐卷，是训育革命后进的不朽教材。"

七十余年后的今天，烈士鲜血染红的五星红旗早已飘扬在神州大地上，中国共产党胜利了，人民胜利了，李硕勋为之奋斗的平生之志终于实现了。

蜀之英华

(1903—1922)

➔ 巴山蜀水养育的英才

★ ★ ★ ★ ★

（0—13岁）

1903年2月23日，李硕勋出生在四川省南部庆符县（现称高县）庆符镇。这是一个多灾多难的年月，这或许注定了他一生的斗争的命运。

李硕勋的父亲李天祺，家境清贫，以经营纺织品、养蚕、买卖油盐为业；母亲何圣熙，19岁与李天祺结婚，生下了四个儿女，李硕勋排行第三，父亲按宗谱给他起了另一个名字叫开灼。他自己还嫌不够用，先后又叫过石心、心仁、李陶。

5岁时，他被父亲送到镇内的私塾读书，受业于李晋叙先生。1911年辛亥革命爆发的第二年，他入镇内梧岗书院学习。这场资产阶级民主主义革命并没有冲击千百年来的

▷ 李硕勋于1903年生于四川高县庆符镇东门街的这个普通小院,是李硕勋度过童年的地方。

教育制度,书院里的教育仍以"四书五经"为主,时间一长,他就对这些感到了厌烦,时常背着老师读起《水浒传》、《三国演义》、《西游记》这些描写战争或反叛的书籍。

在他短短的一生中,不能说他的反叛性格跟这些历史传奇人物有很大关系,但起码在他少年时期是有关系的。他的父母很快发现,在小儿子身上,不止有天资聪颖的一面,更有着豪侠不羁的一面，他们意识到，在小儿子的性格中有一种像大理石一般坚硬的东西，他极赋正义感，见义勇为常常成为他的行动。

→ 爱打抱不平的少年

★★★★★

（14岁）

1917 年，天府四川，军阀横行，有一支军阀部队进驻庆符镇后，常常扰乱社会治安，偷鸡摸狗，无恶不作。居民敢怒不敢言。一日，一兵痞盗一私塾先生饲养的母鸡，被教师李鼎三阻止，那兵痞怀恨在心。不久，那兵痞因盗卖子弹被拘押，竟诬陷教师李鼎三是"窝主"，李鼎三无辜被捕下狱。李硕勋得知，愤愤不平，便与一同学闯入军阀连部，痛斥这一无理行径。军阀连长见他们是两个毛孩子，想吓唬几句把他们赶出去。不料李硕勋却问："那士兵既然说李鼎三先生是窝主，可见他们关系绝非一般，是不？"

"那是当然。"军阀连长回答道。

"那么，长官是否敢把你那个士兵叫出来，让我当面问上几句。"

"有何不敢。"

那兵痞被押来后，李硕勋带着厌恶的心情上下打量几眼，突然问道："你和李鼎三先生何时认识？"

"我们早就认识。"兵痞叫道。

"这么说，李鼎三先生的家中一切你一定很熟悉喽？"

"没得说。"

"我来问你，李鼎三先生家中几口人？"

"这……五口，不，是七口，不……"

"我再问你，李鼎三先生家里有几间房子？"

"啊，挺多，八间，是八间，不……"

李硕勋听到这里，怒不可遏，痛斥道："既然连李鼎三先生家中有几口人、几间房子都说不上来，还称得上什么'没得说'，纯粹是一派胡言！说穿了，因为李鼎三先生曾阻止你偷过一只民家母鸡，你便怀恨在心，挟嫌报复！"说到这里，李硕勋把目光转向军阀连长，继续斥问："长官，事理已白，该放李鼎三先生出去！不然，我们全校师生不会答应！"

军阀连长被窘得瞠目结舌，只好放李鼎三先生出去。这件事不止轰动了李硕勋所在的学校，在整个庆符镇也引起很大的震动，一些老师和同学担心军阀部队会找机会报复他，就劝他还是专心读书少惹是非为好，他笑笑说："吾不屑当书袋子！吾不欲为学者，愿成一事业家。"

→ 投笔从戎

★★★★★

（15—16岁）

少年时期的李硕勋，已具有忧国忧民的思想，面对帝国主义的入侵、军阀压迫的现实，他决心习武从军。于是，李硕勋发动一些进步同学向校长提出进行军事体操训练的要求，校长认为学校没有枪支，不同意进行军事体操训练。李硕勋并没有因此灰心，他一方面发动同学穿近似军队的服装；另一方面又与几个学生骨干一起到镇里的警备队借来一些枪支操练。最后，校长不得不同意高年级学生进行军事体操训练。

1918 年 7 月，李硕勋小学毕业后以优良的成绩考入叙州联合县立中学。在校期间，他除了认真学好各门功课外，还喜欢广交朋友和参加文体活动，入学不到半年里，全校的师生他就认识了一大半。他和同班的欧阳继修 阳翰笙)都喜欢笛子，每逢学校举行文艺活动时，他们就登台合奏，吹起他们喜爱的广东乐曲《梅花三弄》和《黄州十番》。阳翰笙不仅是他的同窗好友，还在他的影响下，成为他后来事业上的同路人。

同年 10 月，由于父亲李天祺去世，李硕勋回家奔丧，参与料理后事，中途停学在家，帮助母亲劳动。1919 年 1 月，他与二哥李仲耘来到成都，因为他渴望自己成为一名有志于国家和民族的军人，于是投考了四川讲武堂，但由于他年仅 16 岁，尚未达到报考年龄，没有被录取，于是转到储才中学读书。在这里，他与李一氓是同班同学，彼此经常交换读书心得体会和谈论国内大事，过从甚密。后来，由于志同道合，李硕勋与李一氓结成拜把兄弟，成为莫逆之交。李一氓同志生于 1903 年 1 月，比李硕勋年纪稍长，李硕勋尊称他为哥哥。随后，两人离开储才中学,但仍继续联系，互相鼓励，共同争取进步。

→ 踏上政治舞台

★★★★★

（16—17岁）

此时，五四运动的风潮席卷全国，李硕勋积极参加宣传新思想和抵制日货的行动，并与同学一起参加反帝反军阀的活动。因受新思想的影响，在储才中学才就读了一学期，便毅然停学，进川军骑兵师第一团担任团部文书。他一向有投笔从戎，为打倒帝国主义、军阀而贡献自己的微薄力量的夙愿，他总希望以积极工作来争取团部保送，进入四川讲武堂的理想，但一直未能如愿以偿。几个月后，他深深感到，骑兵团仍然是四川军阀控制的部队，不是为人民的革命军队，于是他辞职离开这个团，于12月回到家乡。

第二年春，李硕勋因病没有再去成都，又回到宜宾叙州联合县立中学。同校同学有刘鼎、熊瑞文、阳翰笙等。李硕勋因积极参加社会活动，极富号召力、组织力，很快被推选为叙州中学学生会委员。这一年，四川开展抵制日本帝国主义侵略、抵制日货的斗争，李硕勋在与四川省学生联合会抗敌后援会取得联系后，与联合中学班代表及明德中学的代表，在叙联中学礼堂召开会议。会议决定：（一）成立四川省学生联合会抗敌后援会宜宾分会（李硕勋是该会负责人之一）。（二）由各班代表分头发动同学参加反帝爱国运动。（三）各班推荐三到五人参加检查队、宣传队。会议还决定四天后举行反帝示威大游行。

4月下旬的一个上午，叙联中学和明德中学全体学生齐集叙联中学操场，通过了几条简要的规定，一致推选李硕勋担任游行总指挥。在李硕勋的带领下，两校学生整队出发。走在前列的同学高举起一幅大横额标语，上面写着"四川省学生联合会抗敌后援会宜宾分会反帝爱国示威大游行"。浩浩荡荡的队伍经过繁盛市区东、南、西、北四条大街，学生们沿途振臂高呼"打倒帝国主义！""打倒军阀！""反对日本帝国主义经济侵略！"等革命口号。在李硕勋等部署下，大会检查队到各商店检查日货，收缴了大批日货"东洋伞"和"黑人牌"牙粉，当众烧毁，并对店主晓以民族大义，劝其协助抵制日货。大会的四个宣传队则分赴四条大街，开展街头演讲，宣传抵抗日本帝国主义经济侵略，并号召群众行动起来，与全国人民一道，进行反帝爱国运动。

由于李硕勋积极率领宜宾学生进行反帝反军阀斗争，又因为接受新文化运动的影响在叙联中学带头提倡白话文，反对辱骂和体罚学生，在学生界赢得很高声誉，不久，他被推选为宜宾市学生联合会常委，成为宜宾学生运动的领袖。

➔ 找寻真理之路

★★★★★

（18岁）

1921年1月，李硕勋和阳翰笙经过长途跋涉来到了成都，插班进入了四川省立第一中学。当时，这座学府不仅是四川著名学府，更是一座具有光荣革命传统的学校，读新书的风气很浓。李硕勋犹如渴望甘霖的禾苗。他在这里第一次接触到了陈望道翻译的《共产党宣言》和恽代英翻译的《阶级斗争》两本书，他从它们的字里行间吸取无产阶级先

进思想，这使他那早已萌发的反帝反封建的思想开始归宗到马克思主义的阶级斗争学说的轨道上来。他鲜明的是非观念，疾恶如仇的正义感，博得同学们的信赖，不仅选他为四川省立第一中学学生委员，而且选他为四川省学生联合会出版部主任，参加领导四川的学生运动。

李硕勋在省学联活动中，受马克思列宁主义和新文化的教育更加深刻。在斗争实践中，在《新青年》的革命思想启发下，他初步树立了马克思列宁主义的社会主义信念。1921年夏，李硕勋联络各校思想进步的同学，计划按照《新青年》上发表的《社会主义青年团章程》，开始筹建成都社会主义青年团。这年秋天，李硕勋和童庸生、阳翰笙、刘弄潮、雷兴致（雷晓晖）等人，集会于成都郊外锦江畔的望江楼上，经过酝酿，宣告成都社会主义青年团成立，不久改名为四川社会主义青年团。李硕勋作为四川社会主义青年团创始人之一，大力组织青年团员学习马克思列宁主义，参加反帝反军阀的革命活动，并团结广大青年学生，开展有意义的活动，从中发现积极分子，并吸收他们入团，使团的队伍不断壮大。

→ ## 积极参加学生运动

★★★★★

（18-19岁）

四川社会主义青年团成立后，迅速组织青年学生开展革命斗争。第一场斗争是争取教育经费独立运动。当时，四川军阀不只把教育经费挪作军费，而且在许多学校内驻扎军队，致使大批学生被迫停课。军阀部队这一粗暴无礼行径，引起四川教育界的极大愤慨，四川青年团组织向省政府正面提出要求，但得不到满足。李硕勋等四川学生联合会负责人和四川教育职员联合会领导人于1922年6月上旬商讨决定：成都各校举行罢课，要求四川当局同意教育经费独立。6月10日，李硕勋和王右木等商议后，以四川社会主义青年团名义发表宣言，号召师生们迅速积极行动起来，投入这场维护教育经费独立运行的斗争，并组织学生们一方面在街头演讲、散发传单，另一方面则赴议会请愿。6月12日，李硕勋等四川学生联合会骨干发动各校学生到四川省议会旁听，请求省议会议决教育经费独立案。省议会副议长熊晓岩老奸巨猾，有意不到会，使议会无法通过决议案。这就更加引起了学生们的极大愤慨，议定由高师、省一中、省师等八间学校的代表前往熊晓岩宅理论。李硕勋、王右木对学生们的请愿队伍有一条明确的规定，即在要求不被接受时，不许动手打人，要争取社会舆论同情的斗争策略，这个策略很有效，对斗争的胜利起到了很好的作用，深受青年学生的钦佩。

学生代表到达熊宅，熊晓岩官僚架子十足，不但不接见学生，而且打电话到警察局诬告学生"擅入民宅"，命令将学生代表强行拘留。尚在议会上旁听的学生们闻讯，迅即赶到熊宅，要求放人。熊晓岩又令警兵将学生代表从后门押走，并唆使轿夫将堂内器物捣坏，妄图嫁祸师生。随即，熊晓岩本人也从后门溜走，这就是当时轰动一时的所谓"熊宅事件"。李硕勋向同学们明确指出："斗争只能进，不能退，退则失败，退则死亡！""争取教育经费独立，不达目的决不罢休"。次日，李硕勋和王右木等又率领学生一千余人赴省议会，强烈要求议会复会议决教育经费独立案。熊晓岩勾结军警和大批暴徒，在光天化日之下殴打赤手空拳的学生，致使三十多人被打伤。与此同时，当局下令通缉李硕勋、刘弄潮等八名学生代表，妄图以此威胁压服学生就范，放弃正义要求。在这样严重的情况下，李硕勋并没有退缩，而是继续同阳翰笙按照四川省学生联合会的安排到省立第一女子师范学校联系，介绍四川学生运动，并希望女同学也团结起来，投入这场斗争。最终，该校女生也冲破重重阻挠，加入反军阀运动。

李硕勋和广大同学争取教育经费独立的斗争，获得四川教育界、文化界等各界人士的支持。重庆教职员工联合会召开了大会声援。重庆学生还组织了罢课、上街游行，支持成都学生的革命斗争。鉴于声势浩大的学生运动，四川省议会不得不同意重新召开教育经费独立的代表大会。李硕勋、阳翰笙作为代表参加了大会，经过多次谈判斗争，省议会通过了划拨全川肉税作为教育经费的议案。这是四川继五四反帝爱国运动之后又一次大规模的革命斗争。它震动了当时的天府之国，激励着广大青年学生更加奋起投入新的战斗。

全省规模的教育经费独立运动，使反动当局为之震惊，在被迫让步的同时，又策划着对学生运动进行大规模镇压的阴谋。7月，省高师教师王右木被无理解除职务。新上任的四川总司令兼省长刘成勋下令，更换全省中等学校以上三十几位校长，进步的教职员工也被撤换，代之以反动政客、军阀走狗、遗老遗少来充任。军阀的倒行逆施，激起了李硕勋等广大青年学生的强烈不满。方兴未艾的学生运动又进入了一个"择师运动"的高潮。

"择师运动"首先从省一中开始。省一中校长陈正刚是北京大学毕业生，比较开明。四川军阀认为他镇压学生运动不力，首先向他开刀，撤掉他的校长职务，委派军阀的亲信严恭寅来担任省一中校长。省一中学生会负责人李硕勋、阳翰笙等知道严恭寅是美国哈佛大学毕业生，曾任成都公学教导主任，与成都公学校长兼议会副议长熊晓岩是老搭档，是个官僚政客，决定发动学生反对军阀的这个亲信。李硕勋是这次学潮的重要领导者和组织者之一。严恭寅依恃有军阀、官僚作后台，有恃无恐，于是威风凛凛地坐着四人抬的大轿子，内藏棍棒等武器来上任。学生们决定狠狠打击他一下，让军阀政府难堪。李硕勋叮嘱大家："还是采取闹省议会的办法：君子动口不动手,动手也不打人。轿子必须砸,不砸严某不知厉害,但不要动手打他。"这一斗争策略果然不错,学生们将严恭寅拒于门外,还在大门口贴上纸条,上面写着:"禁止严贼入校,如违者,棒棒驱逐。"学生们还公开贴通告反对他,打坏了他的拱杆轿子。有些学生把校长室围住,把室内家具捣毁,以表明不欢迎这个军阀爪牙到校任职,吓得严恭寅夹着尾巴溜掉了。接着,愤怒的学生又打跑了前来"开导"的省署教育科长尹克任。省一中同学会还公开声称:"本校新委校长严迪恂(即严恭寅)人格卑污,办事横暴,经全体同学议决誓死否认,一面发表宣言反对,一面已呈请政府收回成命,另委贤员接办。"同学会还选举余屏藩、李硕勋、阳翰笙、陈真锷、王国彰、孙贤等六人为代表,前往省署进行面对面的斗争。同时,在李硕勋等人的积极倡导下,创办起《四川一中半月刊》小报。李硕勋在发刊词中阐明了刊物"降生的理由"和"存在的目的"是:联络互相间的感情;砥砺互相间的学行;提倡本校的革新;传达教潮的趋势。并着重阐述了这次"否定校长"学潮的鲜明立场。创刊号实际上是一篇"宣战书"和"动员令",在学潮中发挥了巨大的影响。

省一中的学潮引起了反动当局的极大恐慌,他们决定以武力镇压这次学生运动,下令解散省立第一中学,强迫全体同学从校内撤出。1922年10月26日上午,四川督军兼省长刘成勋派士兵十余名到省一中,强令学生离校。李硕勋和校内学生拿着木棒奋起抵抗。士兵见学生势众,难以抵挡,惶惶逃走。李硕勋等与同学们召开临时大会，一致表示，誓不承认解散省一中。随后，学生代表们又以踢球为名，邀请其他学校到郊区学校商议对付反动当局的办法，决议办法六条。当日下午 2 时，刘成勋派一个连的兵力保护严恭寅强行走进省一中大门，当众宣读了刘成勋签署的命令，称："兹经本部严密查明，此次学潮实由学生余屏藩、欧阳本义、李开灼、陈贞鄂、王国章、孙贤等六名为

▷ 1922年冬，李硕勋（中）赴北京弘达学院求学前与长兄李伯寿（左）、二兄李仲耘（右）的合影。

首纠煽。其余各生亦皆心附和，屡戒不悛，均属不堪造就。除将为首之余屏藩等六名立予斥退，行县勒赔学费，并令法庭依法讯办外，所有附和各生，并予一体斥退，即由新任校长另行招考。仍有聚众开会，散布传单，拍发函电，暨纠众骚扰情形，即随时查拿，决不稍贷。"同学们听后，无比愤慨。顿时，校内人声鼎沸，纷纷抗议，秩序很乱。军队见此情景，也不敢贸然进校。一些同学在愤怒下放火烧掉木床的稻草。全校更加混乱，只见火光冲天，烟雾弥漫。反抗军阀的镇压达到高潮。但赤手空拳的学生无法同全副武装的士兵对抗。黄昏时，学生们愤然离校，学校被军队占领。但反革命的暴力压服不了青年学生，他们向全国各地报纸发出快邮代电，讲明四川一中事件真相，揭露反动军警的罪行，向社会各界发出最强烈的呼吁，引起四川内外强烈反响。四川反动当局为扑灭学生运动的火焰，于1922年11月1日又下令对李硕勋、阳翰笙等人进行通缉。他们在成都实在待不下去了，便相约一起赴重庆。船上，阳翰笙吟诗一首，以表达他和李硕勋当时的心情：

锦江之水清又清，

水底游鱼分外明。

不怕虎狼爪牙至，

一帆东去自由身。

杰出学生运动领袖

（1923—1925）

→ 开展全国学生运动

（20—21岁）

到重庆后，李硕勋先在川东联合中学读书，但不到一个月时间，他就再也忍受不了这所学校压抑的气氛，在亲友帮助下，他又去了南京。年底，又从南京辗转到了北京，进入四川学生较多的弘达学院，以求深造。在这里，李硕勋结识了陈毅。两人一见如故，很快成为挚友。那时，北京为北洋军阀所盘踞，空气异常沉闷，而南方则显得十分活跃。李硕勋在北京住了一年后，依依不舍地告别了挚友陈毅，于1923年底，离开弘达学院赴黄浦江畔，考入上海大学社会科学系，最令他兴奋的是，在这所使他感到陌生的学府里竟然与他的同窗好友阳翰笙邂逅。

上海大学是20年代初期，以共产党人

为骨干，国共两党合作创办的一所高等院校。在这坐革命高等学府里，李硕勋先后聆听过瞿秋白讲授的《社会科学概论》、《社会哲学》，张太雷讲授的政治课，蔡和森讲授的《家庭、私有制和国家的起源》和邓中夏、任弼时、萧楚女等人讲课。他系统地自学了马克思、恩格斯、列宁的著作，进一步坚定了走无产阶级革命道路的

△ 上海大学旧址

信念和决心。他联系郭伯和、余泽鸿等同学发起组织平民世界学社，出版了《平民世界》半月刊，自任编辑，宣传平民要起来当家做主人、反对帝国主义和军阀的思想，以改造社会为己任，号召青年踊跃走上社会政治舞台。

由于李硕勋表现积极，思想进步，于1924年在上海大学由青年团员转为中国共产党正式党员。不久，他又成为上海大学学生联合会、上海学生联合会委员。而上海学生联合会实际上是全国学生联合会，对外两个名称一套机构，也就是说，从这个时候起，李硕勋已成为全国学生运动领导人之一。

➙ 领导学生、工人开展反帝运动

★★★★★

（21-22岁）

1924年10月10日上午，中共党组织

领导上海大学进步师生在天后宫举行辛亥革命 13 周年纪念会。但消息走漏，会场遭到国民党右翼分子的冲击。上海大学学生黄仁遭到流氓毒打后当晚牺牲。李硕勋对此无比愤慨，当即召集上海大学四川同学会三十多名同学，为黄仁身后发起募捐，并决定通电全国，强烈要求当局严惩凶手。这场斗争虽然未能全部如愿，但它有力地推动了全国反对国民党右派的浪潮汹涌向前。从这场学生运动中，李硕勋敏锐地意识到，没有工人群众的有力支持，学生运动是很难取得胜利的。于是，他白天坚持理论学习，晚上到沪工区工人学校，从帮助工人学习文化入手，宣传革命道理，发动工人，组织工会，培训工人运动的骨干，为今后以工人阶级为主体的反帝高潮准备了条件。

那时，社会上普遍兴建同乡会、同学会。上海大学也不例外，先后建立了四川同学会、浙江同学会等等。李硕勋所在的上海大学党组织充分利用这种地方性的团体，赋予它以新的革命内容，并通过共产党员、青年团员和积极分子团结本省同学，联络旅沪同乡，一起参加与本省有关的反帝反军阀斗争。这样就可能消除狭隘的地方观念，把这部分力量汇合到反帝反军阀斗争的革命洪流中去。李硕勋也加入到上海大学四川同学会，并成为该会骨干，很好地团结该会同学，努力学习和钻研马克思列宁主义理论，参加校内和社会上反帝反军阀革命活动。

1925年2月9日，为反对日本帝国主义，日商办的上海内外棉纱厂工人举行大罢工。我党十分重视这次反帝罢工斗争，迅即通知上海百余名党员全部投入援助这次斗争。李硕勋遵照党的指示，也深入到内外棉纱厂工人中去，揭发日本帝国主义在上海开办的工厂对工人进行残酷剥削。在罢工期间李硕勋天天到工人中去，鼓励他们坚持战斗以夺取胜利，他还参加募捐、联络工作，鼓励罢工工人把斗争进行到底。经过二十天的斗争，罢工取得了一定胜利。他也从这次罢工中看到了工人阶级伟大的革命力量，看到了无产阶级的组织性，从此愈加坚信，中国革命在无产阶级及其政党的领导之下，一定能取得伟大的胜利。

李硕勋由于忙于援助工人运动，耽误了学校的一些课程。为了集中时间和精力把缺的课补回来，这年3月初，他和刘照黎、阳翰笙一同来到杭州。临行前，他们每人凑了十元钱，买下了当时所有能买到的马列书籍和进步文学书刊，用两个大藤箱装到杭州，并在葛岭山庄租了三间房子，潜心补习功课。两个多月的时间，他们在安静的西湖一带，把带来的书籍都读完了，收效甚大。

1925 年 5 月 30 日，英帝国主义在上海制造了震惊中外的五卅惨案。6 月 1 日，李硕勋和阳翰笙、刘照黎闻讯赶回上海参加反帝运动。6 月 2 日，李硕勋和上海各校学生继续上街演讲。李硕勋在演讲中指出："谁镇压人民群众，谁就必须受到历史的审判！" 6 月 3 日，在李硕勋等人的努力下，上海商人开始罢市。为了取得这场学生罢课、工人罢工、商人罢市斗争的胜利，由李硕勋等人发起，建立起上海工商学联合会，李硕勋为委员。该会的成立，使五卅反帝运动有了公开的总的领导机关，斗争形势发生了很大变化。李硕勋以上海工商学联合会的名义，派人到镇江、南京、芜湖、安庆、九江、南昌、武汉、长沙等外埠城市进行宣传，用五卅惨案血淋淋的事实，揭露帝国主义者的狰狞面目，指出帝国主义侵略我国都以不平等条约作为工具，我国人民应该团结起来，坚决奋斗以达到废除不平等条约的目的。

　　6 月 23 日，广州沙基惨案发生。英帝国主义在广州沙面开枪，打死我国同胞 52 人，重伤

170 余人，轻伤无数。李硕勋闻讯，无比愤慨，迅即与上海大学学生委员会商议后，以学生会名义在上海《热血日报》上发表致广州政府电文。说："噩耗传来，全埠震动，希速调召革命军队，与帝国主义者做最后之抗战。慨自沪案发生，全国民众，敌忾同仇，势不可侮，亟宜导其团结实力，作解除积年压迫之企图。我革命政府素以打倒帝国主义为职志，义旗首举，行见举国民军，环起响应，即全世界被压迫之

△ 全国学联第七届执行委员联欢时合影，后排左四为李硕勋。

民族，亦必乘机崛起，以为声援。吾中国垂毙之国命，其将从此苏乎，迫切陈词，敬希立断。"

这时，根据党中央、青年团中央的指示，李硕勋与阳翰笙、杨善南等加紧筹备召开全国学生第七届代表大会。经过紧张工作，会议于1925年6月26日在上海小西门少年宣讲团团部开幕，北京代表杨南担任会议主席。中共中央派恽代英、萧楚女参加了会议，并发表了思想深刻的讲话。李硕勋在大会上作了报告，他正确地总结了前一段全国学生运动的经验，特别是五卅运动的经验，提出了今后青年、学生运动的方针和方向。他认为，没有革命的武装，没有革命的舆论，就不可能驱逐帝国主义和打倒军阀政府，就不能最后取得政权。他的意见得到了与会代表们的一致赞成。大会通过了李硕勋主持起草的学生运动宣言，通过了关于争取学生自身利益、反对帝国主义运动、援助工人农民运动等八项决议案，民主选举产生了新的全国学生联合会执行委员会。李硕勋当选为常务委员（任总务委员）。在常委分工会议上，他又被推选为中华民国学生联合会总会会长兼交际部主任。

→ 建立革命舆论阵地

★★★★☆

（22岁）

中华民国学生联合会总会早在 1924 年间曾出版了《中国学生》半月刊，指导全国学生运动，后因缺乏印刷经费，加上军阀阻挠，编辑、发行阻碍重重，只出了五期就不得不停刊了。李硕勋决定恢复这一刊物，他召开总务委员会议，商议重新出版事宜，大家支持他的意见，并决定增大篇幅，改半月刊为周刊，创办一个新型全国性理论杂志，以推动全国学生运动的发展。李硕勋为刊物确定的方针是：发表关于学生运动的论文，供给各地从事学生运动以及各项革命运动人员参考；揭发帝国主义压迫中国人民的种种罪行，探讨反对帝国主义运动的理论与实践；经常刊载各地学生的活动消息和总会的重要通告，使各地学生对总会的工作有更深入的了解，以便采取一致的行动。在李硕勋的积极倡导、活动下，《中国学生》周刊创刊号于 8 月 1 日在上海正式公开出版发行。

在五卅反帝爱国运动中，李硕勋亲眼见到各帝国主义、北洋军阀依恃有武装，在我国各地屠杀人民，殴打和逮捕爱国同胞、青年学生，他初步认识到，要打倒帝国主义及其走狗封建军阀，必须建立武装革命，除此之处，别无他法。

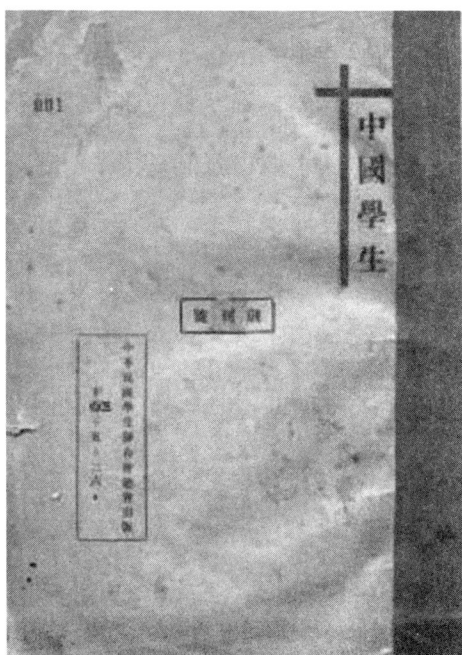

▷《中国学生》周刊

为此李硕勋和一些学生运动的骨干，于 1925 年 6 月在上海召开的第七届全国学生代表大会上，提议建立全国性学生军，获得大会一致赞同。之后，李硕勋又和总会委员研究制订了《全国学生军组织大纲》，并在《中国学生》杂志上公开刊载，指出建立学生军的原则是"全国中等以上各校学生，应组织学生军，讲求军事教育"，作为"武装起来，以革命手段，打倒帝国主义的准备，但学生军不可只限于操练兵式操，需特别注意各项军事学识之研究"。从这个大纲可以看出，李硕勋很早就重视军事工作，提出了一整套建立全国学生军的纲领、计划和具体实施措施，富有军事战略眼光，强调以军事知识武装中学以上学生，以革命手段武装起来，作好打倒帝国主义的准备。

当时，上海控制在奉系军阀张作霖的势力范围内。张学良将军正在上海，为了取得张学良将军对建立学生军的支持，李硕勋主动同张学良取得联系，而具有爱国主义思想的张学良将军当即慷慨捐款两千银元。由于有了这一层关系，上海戒严司令部不得不同意拿出一些枪支弹药用于学生军事训练。不久，上海学生军正式建立，并以全国学生总会军事委员会为最高指挥机关，李硕勋担任委员会委员长。

在上海建立了学生军后，李硕勋即与总会委员商议，通过各地学生联合会，积极筹备在各地建立学生军，然而由于各地军阀的阻挠，建立全国性学生军的计划终未能实现。尽管如此，建立全国学生军的活动还是大大提高了青年学生对开展武装革命重要意义的认识，而且训练了大批学生军骨干。在上海第三次工人武装起义中，学生军起到了重要作用。

→ 为共产主义奋斗终生

★★★★★　　　　　　　　　　（22 岁）

1925 年 9 月 1 日，李硕勋以全国学生联合会总会、上海学联代表身份主持由全国学生总会、上海学生联合会联合发起召开的反帝国主义大同盟代表大会的筹备会议，当选为上海反帝国主义大同盟主席，决定于 9 月 7 日举行八国联军侵略中国、强迫清政府签订《辛丑条约》"九七"国耻纪念大会。9 月 5 日，李硕勋在《中国学生》周刊上发表了题为《"九七"纪念与"五卅"运动》一文，指出："九七"是 1901 年中国反抗帝国主义的"农民暴动失败，被迫订立丧权辱国的《辛丑条约》的日子"，并对帝国主义的侵略本性作了淋漓尽致的揭露，"国际帝国主义为要延长他垂死的寿命，不得不依赖他强暴的权威，向经济落后的国家侵略，以供他们的宰割和剥削"。他在这篇文章上发自肺腑地呐喊："在此亡国条约订立的国耻日，尤其当此大屠杀案未了之时，抚今思昔，痛定思痛，我们应该大声疾呼：全国民众团结起来，为中国民族独立而奋斗！废除不平等条约！打倒帝国主义及其走狗，更当加倍努力扩大发展一般民众组织和武装的准备。"每年9月的第一个星期日，是国际青年纪念日。李硕勋与总会委员商议后，以总会名义，在《中国学生》上发表了《全国学生总会国际青年纪念日宣言》，指出中国因受帝国主义的侵略，早已沦为半殖民地，号召全国青年学生团结起来，结成革命统一战线，向帝国主义进攻。

9月7日，约有一百多个团体共十余万人参加了国耻纪念大会，李硕勋被推选为大会主席，并作了报告。

在一系列的革命活动中，李硕勋经受了斗争的锻炼，成长为一名坚强的共产主义者。这年9月10日，他在给二兄李仲耘的一封信中说："五卅惨案消息传到了故乡，故乡人士受了帝国主义者压迫的刺激，感受着同胞被杀的痛苦，义愤填膺，作了一度破天荒的群众运动。""我们正在前线的战士，听后非常兴奋，决心加倍努力。""不过，我们应该知道：帝国主义者在华根深蒂固已有数十年之历史。帝国主义者可以在华为所欲为，横行无忌，就是历来缔结的种种不平等条约为之保障"，"我们要求解决这个问题，为我们死者昭雪，为我们生者保障"。"我们认清只有彻底地用革命手段坚决地打倒帝国主义，废除一切不平等条约，才是我们死里求生的唯一出路! 弟近来对于一切均置之度外，将本此伟大的使命作终生奋斗! "

这封信表明了李硕勋愿为共产主义奋斗终生，不惜献出自己生命的志向。

9 月 20 日，李硕勋出席中国济难会筹备会议，被选为该会委员，在自己的肩上又加了一副担子。李硕勋对加强党、团组织的思想建设非常重视，认为这是扩大革命力量的重要一环，同年 10 月，他介绍同校同学雷兴致参加共青团。

1925 年 10 月，李硕勋兼任中共全国学生联合会总会党团书记。之后他更加集中精力，带领全国青年学生开展反帝、反军阀斗争。当辛亥革命 14 周年的时候，李硕勋与总会委员讨论后，以总会名义在《中国学生》上发表《国庆纪念告全国同学》一文，肯定了辛亥革命的历史功绩，"为中国历史开一新纪元的革命"，推翻了清朝专制政府；但另一方面又指出，辛亥革命后，目前"中国民众仍处于帝国主义列强与国家军阀的重重压迫之下，辗转呻吟，所受之痛苦较辛亥以前而有过之"。为此，总会号召全国学生要继承先烈"革命"精神，更勇敢地起来同帝国主义、军阀"实行不断的反抗与斗争，以求得我们的自由解放"。

10月10日，李硕勋遵照中共上海区委的决定，由他和另外六人组成双十运动委员会，组织发动广大青年学生参加上海纪念"双十国庆节"活动。为配合此次纪念活动，他以硕壎的笔名在《中国学生》周刊上发表了《民族解放运动中之中国学生》一文，指出："从历次运动中的事实证明：我们确知学生在民族解放运动中是占很重要的地位的。""我们可称他为先锋队"，"我们在民族存亡的斗争中，表现我们的力量最勇敢、最急进，使帝国主义非常发抖而嫉视，所以一切帝国主义的机关枪向我们扫射，一切封建军阀——帝国主义的走狗向我们扑杀。我们虽随时流血牺牲，我们虽饱尝牢狱风味，但认定最后的胜利属于我们。所以我们仍然不畏惧，不退缩，更努力地冲去"。"我们今后应该认清我们的敌人"是帝国主义。为此，我们一方面应加强"学生的团结"，使之成为"全国一个有纪律的"军队一样；另一方面"应扩大宣传帝国主义的罪恶到群众当中，使他们养成打倒帝国主义的决心"，组成民众的团结，"与一切被压迫的民族结成联合战线，向共同的敌人帝国主义攻击"。"我们的步骤是宣传而组织，由组织而武装暴动"。他在文章最后说："帝国主义的末日已到西山了！全国学生们，快到民众中间，联合他们努力向我们胜利之途走！"

这时，李硕勋还在一些书信中宣传反帝军阀的道理。他在给二兄仲耘的信中说："家乡又遭兵祸。在目前的四川，甚至全国，一年以内，一个地方发生几次战事，也不算意外之事。""从此，四川小军阀的战争又特别生面，步孙传芳之后尘，然毫不亚于奉系军阀"。"军阀固是剥削人民，团总老爷又何曾不是剥削人民的，军阀与团总的龌龊，亦犹之军阀的循环战争，各自为利的战争"。这时封建军阀广东省长、粤军总司令陈炯明纠集反动军队，出兵进犯广州，阴谋颠覆广州国民政府。在中国共产党的帮助下，国民政府决定东征讨伐陈炯明，李硕勋对东征打倒军阀，十分重视，立即与总会委员商议后，于10月18日，公开发表《总会拥护国民政府东征宣言》，指出："反抗帝国主义及其走狗军阀，以争得中国民族之解放独立为中国学生应负之使命。"10月24日，李硕勋又针对全国的反对奉系军阀张作霖的战争，发表《中华民国学生联合会总会对于反奉战争的宣言》，指出：奉系军阀是帝国主义"有力的走狗"，是中国民族革命的"绝大障碍"，是全国人民的"仇敌"。全国国民"对于此次反奉战争，仍旧努力参加赞助，以求根本铲除卖国的奉系军阀"。

→ 推动学生运动蓬勃发展

★★★★★

（22—23岁）

　　1925年冬，英帝国主义提出召开关税会议，以同意增加海关二五附加税为条件，要求军阀压制反帝爱国运动，抵制英货。李硕勋一眼看穿了英帝国主义的险恶用心和军阀愿意与帝国主义相勾结的罪恶目的。他在给二兄李仲耘的书信中一针见血地指出："沪案至今尚无结果"，帝国主义一方面"借口司法调查"，故意拖延；另一方面则允许"关税会议二五增税，以饵军阀好贱价拍卖此次交涉"。"关税二五增税不特有失独立国关税自主之原则，且此项增税必由军阀政客分肥，以为从事内战之资，益陷人民于水深火热之地"。10月17日晚，李硕勋肩负着上海北上外交代表的使命，乘火车离开上海，赴北京

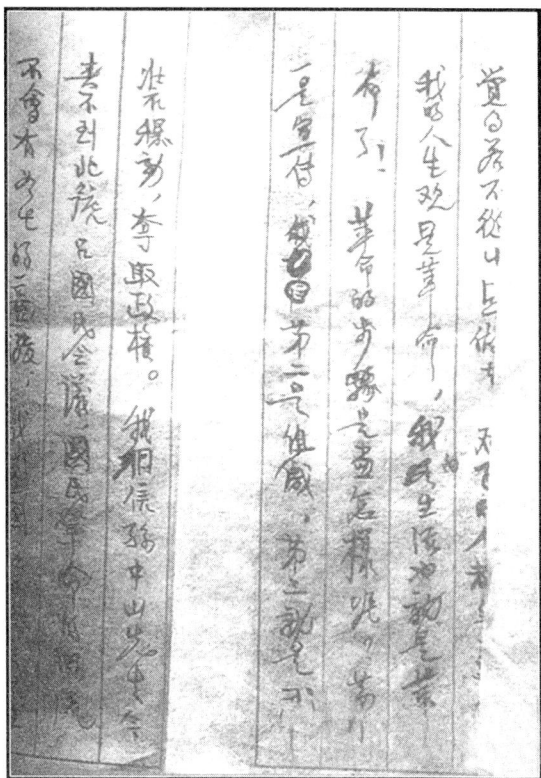

▷ 李硕勋写给二哥的信

主持召开临时全国学生代表大会，反对关税会议。

10月26日——即关税会议召开的同一天——临时全国学生代表大会也开幕了。李硕勋代表总会执行委员会在会上作了《总会会务报告》，总结了前一段的宣传工作、组织工作和各项特殊工作的经验，他在报告的末尾还虚心地表示："我们很诚恳地希望大会给我们以严重的批评，明确指出我们的错误，使我们领导全国同学奋斗，才不会走到错误的路上"，并且针锋相对地提出反对关税会议，提出了开展关税自主运动的口号。

李硕勋虽然也认识到这次的北京集会并不能在实际上反对关税会议，也不可能达到关税自主的目的，但是，"全国学生总会不在此紧急关头（变相华盛顿会议的关税会议）起来召集这次全国代表大会，共议并指挥全国学生运动，学生是不会感觉得到自己的责任重大，而诚心踏上革命之途"！为了唤醒青年和学生的觉悟，他又觉得这种宣传和鼓励是绝不可少的。他在给二兄李仲耘的信中说："我的人生观是革命，我的生活也就是革命了！""革命的步骤，第一是宣传，第二是组织，第三就是武装暴动，夺取政权"。"要免掉兵祸，要求我们生命的安全，要求我们生活的保障，只有大家觉悟起来，宣传组织，以革命的手段，去扑灭军阀！——同时打倒军阀的后台老板帝国主义及其爪牙官僚政蠹"！"若不从此做起，对己对人都无益处。"

大会于11月14日结束后，李硕勋并没有立即返回上海，而是在北京又多逗留了一段时间。五卅运动时期，由于青年学生站在反帝反军阀斗争的前列，帝国主义、军阀等反动派对学生运动十分恐惧，非常仇视，他们以"赤化"、"过激"的谣言进行挑拨离间，恐吓青年学生，并拉拢一些人破坏工农商学兵各阶级的联合战线，在学生队伍中制造分裂，北京、广东、四川等地同学发生纠纷，出现分裂，李硕勋此次留在北京，就是调解纠纷，使北京等地的学生队伍由分裂重新达到统一。但是，学生思想仍不一致，李硕勋和总会委员经过审慎周详考虑，向全国学生提出"统一学生运动"的总口号。他们痛陈利害，劝告全国学生，不要分裂，不要火并，不要使革命力量分散。他们希望全国各地学生要做到组织统一、主张统一、行动统一。学生运动三统一的理论，成为当时学生运动的中心原则，促进了学生运动健康地向前发展。李硕勋指出："全国同学是何等的勇敢""不断地流血牺牲"，不断地受人侮辱、诬蔑，"然而他们的战斗能力、组织能力都有超前的长足"进步。中国的革命运动，他们积极参加。"他们事实上已成为中国革命之急先锋"。而中国学生的力量越大，对帝国主义和军阀来说威胁就越大，所以破坏学生运动是他们的一项重要工作。李硕勋提出：今后学生运动应多方揭破帝国主义、军阀的奸计，严防学生队伍的分裂。巩固和发展学生以及一切革命民众的广泛联合统一战线，一致向帝国主义、军阀进攻。否则，便"不能实现学生运动的目的，便不能完成中国学生所担负的光荣使命"。这期间，他幸运地结识了北平师大的学生领袖赵世兰，但他没有想到，此人后来成了他的"红娘"。

年底，李硕勋一回到上海，就积极投身非基督教运动，投入到了这场思想战线上的反帝斗争。最早在上海一些大学建立的"非基督教学生同盟"，主要为了反对帝国主义利用宗教进行文化侵略，灌输奴化思想。1924 年，李硕勋根据党的指示，在上海大学加入了非基督教学生同盟，成为该同盟的积极分子，经常参加该同盟开展的革命活动，阅读该同盟出版的非基督教特刊，认清帝国主义通过基督教进行文化侵略的本质，然后在同学中也开展非基督教宣传。对于一些因为参加反帝运动而被教会学校退学的学生，李硕勋为他们积极地联系接收学校。经过这次运动，广大青年学生爱国的思想觉悟大为提高，李硕勋在这次运动中作出了不可磨灭的贡献。

在上海大学社会学系两年，加深了李硕勋对帝国主义、封建军阀和对中国社会的认识。1926 年 1 月 2 日，他在《中国学生》上发表了《商务印书馆二次大罢工》一文，坚决反对军阀逮捕工人四十余人，残酷镇压商务印书馆工人的罪行。1 月 12 日，他在《中国学生》上发表《反奉战争中的直系与国民军》，立场鲜明地提出"向奉系军阀作直接猛烈斗争，以争取人民的自由，还取人民的政权，召集人民的会议，建设人民政府"。在同一期上，他还撰写了《帝国主义也反对学生干政》一文，揭发了日本帝国主义以武装帮助张作霖，公然派兵到我国东北的罪恶，并说："上海各校学生激于义愤，不顾生死地去讲演并散发传单，以期警醒国人，不料租界巡捕又要重演五卅的恶剧，捕去学生十七人。从此看来，我们更当知道日本帝国主义的贪欲横暴，何曾亚于英帝国主义？列强侵略我们，何曾不是联合一致？"他在文章末尾说:"全国青年学生,要求自身的解放,要求民族的解放,只有起来加入革命政党,参加政治运动才是唯一的途径!"

那时,北洋军阀摧残教育事业,特别压制进步教育事业的发展。李硕勋十分关注青年学生的教育事业,同北洋军阀进行了针锋相对的斗争。

当时,北洋军阀政府的教育总长依仗权力、雇用一批人,把北京女子师范大学女学生拖出大门,占据校舍,换一块北京女子大学的招牌,任命了一个只要读死书、死读书,不顾国家、社会的女大校长。李硕勋根据这个情况,以"壎"为笔名撰写了《女师大与师大》一文,指出:"女大的产生,纯然是建筑在摧残女师大上面。""这种倒行逆施的行为,不是丧心病狂的,总不会承认是应该的吧?"

李硕勋声援女师大学生的反军阀斗争,他坚决支持妇女的高等教育事业,促进了这两所女子高等学校学生的团结,推动了教育事业的发展,赢得了社会的称赞。

→ 入党校学习

★★★★★
　　　　　　　　　　　　（23 岁）

　　1926 年 2 月，根据党组织的决定，李硕勋进入上海高级党校学习。这所党校是中共上海区委员主席团会议决定举办的，学习时间为八个月，校长是中共上海区委书记罗亦农。李硕勋在这里系统地学习了《马克思主义概论》、《经济学》、《阶级斗争史》、《中国共产党的任务》等十门马克思列宁主义理论课，马克思主义理论水平有了进一步提高。课余，他常与余泽鸿、沈亚冰、杨之华等 28 个同学一道，互相切磋，共同研讨，相互之间受益匪浅。

　　在高级党校学习期间，李硕勋一面钻研革命理论，一面继续领导全国学生开展反帝反军阀斗争，在舆论上支持各地的反帝革命

△ 罗亦农

行动。

这时，震惊中外的省港大罢工发生了，英帝国主义以无理借口，关闭粤关，使华南一切进出口贸易中断，李硕勋闻讯，义愤填膺，迅以又硕为笔名，在《中国学生》上发表了《英人封锁粤港》，在文中他仔细地分析了英帝国主义封锁广东的原因，一是由于广东军政财均已统一，国民政府地位业已巩固。英帝国主义以此威吓国民政府；二是，现在中国的时局正是革命势力与反革命势力直接斗争的时候；三是广东已成为全中国反帝国主义的大本营，是帝国主义的眼中钉。在文末，李硕勋还指出："这次封关，帝国主义的目的虽未达到，我们国民却绝不能就此容忍下去。"我们应该扩大我们的反抗运动，致力于收回海关，开展关税自主的运动，"同时援助省港大罢工，促成国民政府的北伐！"

李硕勋对伟大的革命先行者孙中山非常尊敬，十分钦佩孙中山几十年来坚决反帝反军阀斗争的革命精神，为了发动广大青年学生继承孙中山的革命遗志，李硕勋在孙中山逝世一周年的时候，以硕熏为笔名，撰写了《纪念孙中山》一文，在文中鲜明地提出，纪念孙中山"不是在讴歌祈祷，不是在作文颂圣，我们真正的纪念"，是在完成孙中山先生未竟之志，是依照孙中山的主张与策略，打倒帝国主义与军阀的武装统治，建设统一的全国政府，使孙中山的遗嘱实现。这"才真正是纪念"孙中山。李硕勋的这篇文章，对于帮助全国青年学生认识孙中山，准备以后走革命道路起了很好的作用。

1926 年 3 月 18 日，为抗议日本帝国主义军舰炮轰我国天津炮台，打死我国守军十余名，北京总工会、学生联合会等团体共五千余人齐集天安门举行游行，北洋军阀段祺瑞指使反动武装开枪打死工人、学生四十七人，打伤二百余人，制造了震惊中外的三·一八惨案。惨案发生后，李硕勋立即与总会党委商议，于 3 月 19 日在《中国学生》上发表了《中华民国学生联合会总会为日舰炮轰大沽，段祺瑞屠杀爱国学生宣言》，号召全国学生和各界民众，以迅急之手段，高举革命旗帜以答复帝国主义及其走狗段祺瑞此次所加于我民族及爱国同学之残暴。宣言发表当日，李硕勋与上海大学及其附属中学全体同学，为抗议北京三·一八大屠杀，举行罢课。3月24日，他出席上海学生联合会召开的紧急大会，决定发动全市学生为抗议此次大屠杀而罢课四天。第二天，李硕勋又与上海大学以及上海二十余校学生三千余人，集会游行，坚决抗议段祺瑞的北京血腥屠杀。3月26日，他参加上海164个团体所组成的京案后援会成立大会，并成为该会的骨干之一。同日，李硕勋与总会委员研究后，以中华民国学生联合会总会名义，在《中国学生》上发表了《为北京学生惨杀案告全国同学书》，在文中指出："国内的反动势力已一致向我们作迎头的攻击！""我们目前只能前进，不能后退！""我们不仅要整饬我们本身的队伍，踏着死者的血迹前进，我们尤其要联合全国各界同胞，造成广大的联合战线，一致替我们的死者报仇,替国家民族雪奇耻大辱！"

这时，以曾琦、李璜、左舜生等人为首的

国家主义派，为帝国主义和封建军阀效劳，竭力攻击全国学生联合会总会。他们通过中国青年党（即国家主义派）机关报《醒狮周报》发表文章，宣扬国家主义，积极从事反共反人民的活动。为反击国家主义的猖狂进攻，李硕勋以硕埙为笔名，在《中国学生》上发表了《我们的回答》一文，严词痛斥了国家主义派的谬论，在文章的最后，李硕勋说，对国家主义派诬蔑全国学生代表大会、破坏全国学生联合会总会的文章的重要地方，我们已"加以驳斥了"。他们"其他一切无聊的谩骂是不屑与驳的"。"总会是代表全国同学公意的总组织，是领导全国同学向着为自身谋利益、为国家社会谋幸福的"，总会的同仁"生死已置度外，誓为全国同学之前驱，以打破反动的黑暗势力"，率领全国同学"为国家社会辟出一条出路！"

1926 年 4 月，李硕勋担任中共上海区委学生运动委员会负责人，并兼中共全国学生联合会总会党团书记。当时，中共上海区委共有职工运动、妇女运动、军事运动、学生运动、宣传运动等五个运动委员会。全国的学生运动尤其是上海的学生运动在李硕勋的领导下，开展得轰轰烈烈，无论是在组织方面还是在宣传方面都取得了很大的成绩。

→ 主持第八届全国学生代表大会

★★★★★

（23岁）

　　根据党中央、青年团中央的指示，为了总结前一阶段全国学生运动的经验和部署今后学生运动的发展，李硕勋与总会委员商议后，决定于7月在广州召开第八届全国学生代表大会。不久，李硕勋偕中共全国学生联合总会党团副书记、总会委员张超等前往广州，筹备会议。

　　到达广州后，李硕勋首先拜访了仰慕已久的周恩来和中共广东区委书记陈延年。当时周恩来见到他，十分高兴，指示他要引导青年学生努力学习，掌握知识；要引导青年学生积极投身于反帝反军阀的斗争，走革命道路。

　　为了开好这次学生代表大会，根据党的

指示，李硕勋还争取设在广州的国民党中央的支持。李硕勋等到广州后，也到国民党中央委员会国民党中央青年部谈及在广州召开全国学生代表大会等问题。国民党中央青年部长丁惟汾对此也很重视，他认为这次大会在广州召开，对国民党中央、国民政府也是很大的支持，并表示届时会派代表出席。

我党对于第八届全国学生代表大会十分重视，指示代表大会要建立党团，由李硕勋任书记，以保证大会的成功。

经过充分的准备，1926年7月23日下午1时，由李硕勋主持，第八届全国学生代表大会在广东大学礼堂正式召开，李硕勋担任书记，张超任大会执行主席。

会上，李硕勋代表第七届全国学生联合会总会执行委员会作了总会一年来会务报告，论述了全国学联会和各地学联会在组织发展、宣传工作的扩大、促进统一学生运动、发动广大青年学生参加政治斗争等几个重要方面的成绩，总结了近年来青年学生运动的经验，指出了存在的问题，并提出了今后学生运动要力求做到组织、主张、行动等三方面的统一；要积极地多做为学生本身谋利益方面的工作；要联合群众，踊跃地参加各地政治斗争运动。7月28日，当大会召开第五次大会时，广东代表建议：鉴于省港大罢工工人勇敢坚定，与帝国主义作斗争已有一年余，为中华民族增光不少，全国学代会代表应去慰问他们。李硕勋和到会全体代表均表赞成。会后，李硕勋带领全体代表到越秀南路东园中华全国总工会省港罢工委员会，慰问

△ 省港罢工委员会委员合影

站在反帝斗争前线的省港罢工工人，并向他们送了慰劳品，以表明全国学生支持他们的反帝正义斗争。

这次大会由于得到周恩来、陈延年等的亲自指导和具体帮助，开得很顺利，李硕勋再次当选为中华全国学生总会会长。李硕勋和到会代表通过的决议案，有力地指导了全国学生运动的迅速发展，并使全国各地学联会明确了今后应该做什么，反对什么，有所遵循。它成为今后学生运动的指南，也是全国学生运动共同行动的纲领。

这次大会于 7 月底结束。李硕勋在广州期间，与广东学生运动骨干莫伦白等促进广东、广州学生联合会领导人同意于 7 月 29 日在广东大学召开广东省学生联合会第一次会议。会上，李硕勋指出：广州是革命的根据地，革命气氛很浓，在广州举行反帝反军阀活动是合法的，没有受帝国主义、军阀的武力镇压。广东省学联应该发挥广东革命根据地所积累的经验，带头执行贯彻第八届全国学代会的决议。同时，学生运动应积极援助工人运动，以便学生、工人携手，促进知识分子与工农群众相结合，给帝国主义、军阀以更沉重的打击。

之后，李硕勋又马不停蹄地赶回上海，继续开展工作。

当时，正是第一次国共合作时期，为了统一战线的要求，中国共产党许多党员以个人身份加入国民党。1926 年 7 月 30 日，中共上海区委主席团会议决定，李硕勋兼任中国国民党上海市党部秘书长。随后，他经常与国民党上海市党部杨贤江、张延灏等一起商议工作，为促进首次国共合作，巩固和发展革命统一战线而努力。

8 月，李硕勋与赵君陶结为伉俪。赵君陶是上海工人武装起义领袖之一的赵世炎的亲妹妹，北平女师大进步学生组织"女星社"成员，也是一名优秀的共产党员。

9 月，李硕勋根据中共上海区委主席团会议决定，会见了国民党上海市党部书记梅殿龙，以便通过国民党上海市党部促

△ 1926年，李硕勋与赵君陶结婚时的留影。

成国民会议的召开，彻底揭露北洋军阀践踏民主、
实行专制独裁统治的种种罪恶，要求实行民主，
结束法西斯统治。尽管他做出极大努力，但由于
北洋军阀的压制，国民会议终未开成。但是，以
国民会议为中心的各项宣传组织活动，却使民主
的思想更加深入人心。通过国民会议促成会的活

动，使人民进一步认识到北洋军阀的反动本质。

9月14日，中共上海区委主席团会议提议，调李硕勋任上海南市区委书记。嗣后，他常到南市一带指导开展工作，重点放在开展工人运动，组织南市附近工厂工人开展改善生活待遇，要求提高工资的斗争。

驰骋疆场

(1926—1927)

→ 深入部队开展工作

★★★★★

（23 岁）

国民革命军在北伐战争中节节获胜，于1926 年 10 月占领武汉。武汉成为当时的革命中心，需要政治、军事方面的革命人才。根据党的指示，李硕勋在这时被派到武汉，任中共武昌地委组织部长，他积极支持群众援助北伐军，支持以打倒军阀为直接目标的北伐战争。大力加强发展武昌地区党组织，吸收一批先进分子加入党的队伍，使当地党的力量大大加强，领导了当地群众运动迅速发展。

在攻占武昌的战役中，叶挺独立团第一营的官兵大部分壮烈牺牲，急需补充大批新兵。团长叶挺、参谋长周士第经与武昌党组织和李硕勋联系，要求协助发动当地青年踊跃参加北伐军。可是,多年来形成的"好铁不打钉,好男不当兵"的陈腐观念,严重地束缚着青年人的思想,征兵工作效果不佳。针对这一情况,李硕勋一方面迅速发动了许多年轻共产党员、共青团员参加独立团;另一方面积极协助独立团为牺牲的烈士修建纪念碑,在他的亲自指挥下,一座庄严雄伟的烈士碑在武昌洪山山麓矗立起来了,它成为进步青年和人民群众敬仰的圣地,同时他反复对青年进行教育,阐明革命军与军阀部队有本质不同,前者是为革命、为人民、为祖国的革命队伍,后者是反革命、反人民、卖国的反动军阀队伍。经过李硕勋反复耐心的教育,一些有怀疑心理的青年消除了顾虑,踊跃报名,加入北伐革命军的行列,叶挺独立团得到了充分补充。叶挺紧紧地握住李硕勋的手说:"谢谢你,你为北伐建立了奇功!"

1926 年冬,李硕勋任中国共产主义青年团湖北省委员会书记。同时他还协助中华全国总工会湖北省总工会副委员长刘少奇开展工人运动,发展青年工人迅速加入工会,在很短的时间内,湖北工会会员由 10 万人发展到 20 万人。紧接着,他又协助中共湖北区委员会书记李立三开展农民运动,发展青年农民与广大成年农民一起,参加减息、反对苛捐杂税,反对土豪劣绅的残酷压迫剥削的斗争。当时,社会上有少数的青年存在怕参军没有前途、怕苦、怕累的错误思想,李硕勋根据这一情况,对他们进行革命精神教育,指出革命军是为中华民族、中国人民的解放事业而战斗的,是为打倒帝国主义、打倒军阀,

△ 叶挺

统一中国，为人民谋利益、保护人民利益而战斗的，参军是光荣的，我们应该学习岳飞精忠报国的精神，经过他的教育，许多青年参加了北伐军。

这时，李硕勋还特别注意加强青年团的思想建设和组织建设，布置青年团干部、青年团员学习中共中央机关刊物《向导》、青年团中央机关刊物《中国学生》，使广大团员了解我党的方针、政策和青年团的工作、任务。他经常对团员说："共产党是青年团的领导者，我们一定要服从党的领导，要接受各级党委的领导。青年团是党的助手，每个团员都要成为党的得力助手，为完成党、团组织分配的任务而斗争。"他还强调青年团组织不要成为脱离青年群众的团体，团员要与群众打成一片，以便使团组织成为名副其实的能带领青年群众开展革命斗争的群众性的先进青年组织。

为使团干部能系统地学习马克思主义基本知识，李硕勋还举办了短期团干部培训班，在青年团湖北省委机关附近组织四五十名青年团干部学习《共产主义 ABC》、《阶级斗争》、《青年团章程》、《青年团工作业务知识》等课程，每期一月。他还亲自为青年团干部讲授中国青年运动简史、目前湖北青年团的任务等课程，使团干部学习了理论知识、业务知识，并且对从事当地团组织的工作，也有了较明确的方向。

李硕勋除了注意开展青年工作外，对青少年的思想教育工作也十分重视。根据中华全国总工会、青年团中央的指示，他在武汉建立了劳动童子团，首先在工人子弟学校中建立劳动童子团组织，其次在社会上也建立劳动童子团，吸收工人子弟参加，通过这个组织形式，加强对少年的思想教育，提高他们的文化水平和思想觉悟。

→ 参加北伐

★★★★★

（23-24 岁）

1926 年底，根据革命工作需要，党组织派李硕勋到国民革命军第四军第二十五师，任师政治部主任。他的妻子赵君陶也跟着他投笔从戎，走进北伐革命的行列。

国民革命军第四军第二十五师号称"铁军"。师长是朱晖日（后由李汉魂继任师长），叶挺由于在汀泗桥、贺胜桥战斗中战功卓著，晋升为副师长。李硕勋的到来，给这支在北伐战争中立下赫赫战功但又染有旧军队习气的军队，带来了清新的气息。在紧张的军事训练中，李硕勋加紧对官兵的政治思想教育工作，一扫"军人不问政治"的风气，使官兵们明确了北伐的重大意义。1927 年 1 月 3 日，英帝国主义在汉口租界制造了杀戮我同胞的流血事件。在党的领导下，武汉三十万工农商学兵群众举行反英示威大会。一向热心反帝斗争的李硕勋率领第二十五师政治部部分工作人员与七十三团等部队也参加了这个历史上规模空前的盛大的大会，并与到会群众一起收回了英租界。通过这次参与收回英租界的斗争，李硕勋又一次深刻感受到群众是强大的革命力量，英军警一看见声势浩大的群众队伍就吓得狼狈逃跑了，不敢开枪动刀。1月11日，英帝国主义不甘心失去汉

△ 李汉魂

口租界，派军舰来到武汉长江江边，一边进行军事威胁，一边同国民政府谈判，阴谋夺回租界。处此严重关头，李硕勋对二十五师官兵说："军人守土，是神圣的职责。现在，英帝国主义穷凶极恶，纠集美、日等帝国主义国家，加派军舰到中国，干涉中国革命。我们决不能让八国联军的事件在我国重演。大家务必提高警惕，严阵以待，保卫武汉，保卫祖国。如敌人来犯，则坚决给以回击。"由于我国军民一致拥护收回汉口英租界，英帝国主义自知难于对抗，被迫于2月19日与国民政府签订协定，正式承认将汉口英租界交还中国。收回汉口英租界，这是中国历史上的伟大事件，是中国近百年来同帝国主义作斗争的一个伟大创举。李硕勋为能参与这个斗争而感到自豪，嗣后，他进一步加强对全师的政治教育，勉励官兵要做一个坚决参加反帝反军阀斗争的爱国爱人民的革命军人，时刻要做到赤胆忠心，保卫祖国。

1927年4月12日，蒋介石在上海悍然发动了反革命政变，对共产党员、进步人士进行大逮捕、大屠杀。消息传到武汉，李硕勋异常愤慨。他迅即以此为例，对第二十五师官兵进行教育，强调每个革命官兵都要执行孙中山"联俄、联共、扶助农工"的三大政策，决不能做反共、反革命的罪恶勾当。但是，为了继续北上讨伐张作霖，李硕勋同师长李汉魂指挥第二十五师第七十三团、七十团于4月下旬，到达河南省驻马店。当时，西平有敌人向驻马店进攻的消息，而附近的鹤山、明港一带土匪同奉系军阀勾结，破坏京汉铁路，阻挠革命军的交通运输。在这种情况下，师长李汉魂与李硕勋下令各部在驻马店一带趁夜修筑工事，制止了敌人进攻，掩护了国民革命军第四军的第十二师、第十一军的第十师等北伐部队到河南南部集中，准备进攻奉系军阀张作霖的反动军队。但更为严重的是，驻汝南的国民革命军第四十一军军长段国璋竟与奉系军阀勾结，准备夹击驻马店的北伐革命军。李硕勋协助师长认真分析了双方的情况。他指出：奉系军阀部队的装备虽然是日本造的"三八式"步枪，还有机关枪和迫击炮，而我军用的是"汉阳造"等杂牌枪，但在兵员素质上，奉系军阀部队都是雇佣兵，有些是被抓来的，普遍贪生怕死，战斗力弱，而第二十五师的士兵中有不少工人纠察队员、工会、农会会员及农军战士，他们思想觉悟高，作战勇敢。两军相逢，勇者胜。李硕勋的分析，极大地鼓舞了第二十五师官兵必胜的信心。同时，李硕勋利用战前备战的时间，加强战前动员，向官兵们进一步讲述北伐的重大意义，激励官兵不怕牺牲，发挥"铁军"英勇杀敌的精神。

5月14日下午，师长与李硕勋率领第二十五师向上蔡进攻，在该地与奉军第十二旅发生激战。李硕勋在战斗一打响即身先士卒。冒着枪林弹雨亲临前线，鼓励将士们发扬叶挺独立团猛打、猛冲、猛追的"三猛"作战精神，前赴后继，歼灭敌人。他与将士们并肩作战，把奉军第十二旅死死地围困在东洪桥一带。但奉军第十二旅依恃武器优势，疯狂反扑。此时，奉军第四十六旅又前来解围，企图与第十二旅打通，造成北伐军第七十四团前后受敌，形势严峻。李硕勋当即建议师长，调第七十三团前来增援。师长接受这一建议，当即下令调第七十三团于17日凌晨，从西洪桥出发，猛攻张庄、固村附近的奉军炮兵阵地和指挥所。数小时后，奉军西洪桥防线被击溃。一时间，水寨、东洪桥一带的奉军也兵败如山倒，向北逃跑。北伐军取得了上蔡城外围的初战胜利。为了掩护其他北伐部队继续向北挺进，第二十师的第七十三团、七十四团和第二十四师的第七十团，将逃进上蔡城的富双英旅紧紧围住。富双英旅约六千人，妄图凭借城池负隅顽抗。李硕勋号召全师官兵不要存有骄傲情绪，要再接再厉，一鼓作气，拿下上蔡城。

晚上，北伐军官兵利用夜色掩护，分头隐藏在深黄色的麦田里，天刚亮，即向上蔡城里的富双英旅发起总攻。为了顺利攻下上蔡城，第二十五师先行消灭了前来增援的奉军，第七十三团还把叛军段国璋消灭在十里铺一带。战斗进行得很顺利，李硕勋为了使身边的青年能在战斗中成长，迅速增长指挥才干，为以后建立真正的革命武装准备人才，有意识地组织他们上前线。

▷ 国民革命军第四军第二十五师号称"铁军"。

师政治部军官大多是 20 岁左右的青年人，在李硕勋亲自率领下他们冒着奉军步枪子弹的嗖嗖声和迫击炮弹爆炸的轰轰声，同前沿官兵一起冲锋陷阵，鼓舞官兵们直逼富双英的指挥所。富双英旅成了瓮中之鳖。在北伐军猛烈的攻击下招架不住了，有些人开始举枪投降。李硕勋当机立断，立即派出政治部军官作为北伐军代表，进入上蔡城内，向人民群众宣传北伐军政策，并会见了富双英本人，指出其唯一活路是率部投降。富双英在走投无路的情况下，只好向北伐军投降了。

攻克上蔡城的战斗结束后，第二十五师领导人按照政策，释放了富双英。李硕勋作为一名优秀的政治工作领导人，及时向全体官兵总结了上蔡战役胜利的原因。他既肯定了广大官兵和人民群众的作用，又肯定了军官的作用。他把功劳归功于战士、人民群众和全体军官，使大家都心悦诚服。上蔡的胜利，不仅极大地鼓舞了北伐军的战斗士气，而且为国民革命军继续北伐提供了良好的条件。

河南战役后，第二十五师奉命回师湖北，准备沿长江而下，东讨蒋介石。部队到达武汉，李硕勋敏锐地发觉，有些官兵（包括师长李汉魂）对东讨蒋介石的意义认识不深，他立即找连以上军官谈话，指示要加强士兵的政治工作，并亲自召开军官会议，陈列出蒋介石反共的十大罪状，加深了官兵对蒋介石反革命本质的认识。1927年7月初，第二十五师自武汉分批乘轮船到达江西九江。李硕勋和全师官兵驻扎于赣北南昌到九江的南浔铁路沿线上，师政治部设在离九江南边不远的黄老门火车站以东路段上。

→ 南昌起义

★★★★★
（24 岁）

　　1927 年 7 月 15 日，汪精卫在武汉举行反革命政变，撕下了国民革命政府的假面具，大肆逮捕、屠杀共产党员、先进人士，白色恐怖布满大地。为了以武装斗争来反击国民党反动派的反革命政变，中国共产党决定举行南昌起义，以挽救中国革命，并决定成立以周恩来为书记的中共前敌委员会，领导这次起义。此时，我党已经掌握了张发奎所统率的国民革命军第二方面军的第四军、第十一军、第十二军和其他一些部队。叶挺担任第十一军第二十四师师长，而以李汉魂为师长的第四军第二十五师，其基础又是叶挺的独立团，已被李硕勋与第七十三团团长周士第所牢牢掌握，这两支部队成为了南昌起义的骨干力量。因此，周恩来临去南昌前，指示聂荣臻一定要把第二十五师拉到南昌，并负责接应以后赶到九江的部队和零星人员。李汉魂是张发奎的人，是第二十五师参加南昌起义的主要阻碍。李硕勋对这一点心中有数，决定必须甩掉此人！

8月1日，正当李硕勋与周士第研究如何甩掉李汉魂，率领"铁军"赴南昌参加起义时，已

△ 南昌起义指挥部旧址

经嗅到有些不对的李汉魂突然从黄老门车站给周士第打电话，要他马上赶到师部。为了迷惑对方，同时也为大部队争取更多的时间，李硕勋与周士第商议后，决定周士第前往师部拖延李汉魂，并让第七十三团作好应急准备。周士第到达师部后，李汉魂对周士第说："总指挥（指张发奎）很器重你，要重用你，希望你跟他走，不要跟共产党走。"周士第严肃地拒绝了他，并说："第四军在北伐中之所以能打胜仗，是因为共产党的帮助，有共产党员的英勇牺牲，在这个关键时刻，无论是张发奎，还是你我，谁跟着汪精卫，都是死路！"此时的李硕勋已来到第七十三团团部主持起义工作，根据我党的指示，以"紧急集合"去"打野外"为名将队伍拉出驻地。第七十五团三个营先走，第七十四团重机枪连接第七十五团，第七十三团断后，定于下午6时前在达德安车站附近集中。并命令各部队若挺进途中遭阻挠破坏起义者，则毫不留情予以镇压；若遭追截阻拦敌人，亦彻底消灭。

当起义部队到达德安车站以北时，张发奎和李汉魂也乘火车追来并试图阻止起义部队离开，李硕勋同聂荣臻商议后果断决定，命令第二十五师第七十三团第一营开枪扫射。张发奎、李汉魂发现情况不妙，急忙跳下火车，自己逃跑了，第七十五团在李硕勋的部署下，将五六百人的敌卫队营在德安车站围住。经过政治攻势，卫队营全部缴械，其中一部分下级军官和士兵参加了起义部队。

李硕勋率领第二十五师等起义部队消灭沿途敌人，克服重重阻挠、破坏后，胜利到达南昌。

8月2日，根据我党决定，这支起义军队重新编为第二十五师，以周士第任师长，以李硕勋为党代表、中共第二十五师委员会书记、政治部主任。从此，中国有了第一支工农武装！

部队整编一结束，李硕勋立即主持召开中共第二十五师委员会，他以党代表的身份和周士第、游步仁、符克振等人认真研究了有关加强部队政治教育、组织纪律教育、党的思想建设和组织建设以及加强练兵、保卫南昌等问题。并决定在第七十四团和第七十五团建立党部支部，以便加强各团部队党的工作和政治工作。

南昌起义胜利后，国民党反动派迅即调动大批反动军队包围南昌。为了保存革命力量和准备南下广东重建革命根据地，起义部队于8月5日开始撤离南昌。李硕勋和周士第率领的第二十五师为后卫部队，到8月6日才撤离。他们带领这支久经沙场征战的英雄部队，宛如铁流一样，沿着江西东部的山区流去，先后经过抚州、宜黄、广昌、石城的崎岖山路上，向广东进军。时值8月，骄阳似火，气候炎热，将士们不畏酷暑，以每日步行60到80华里的速度挺进。行军途中，李硕勋一方面带领政治部干部做宣传鼓动工作，使干部战士在极其艰苦的条件下，仍然保持顽强的毅力和意志；另一方面组织部队在所经之处张贴《八一起义宣言》、《八一起义宣传大纲》以及宣传打倒帝国主义、打倒军阀、实行耕者有其田等标语，宣传革命主张，受到沿途群众的热烈欢迎和拥护。部队向南进，走的多是山路，多半只能单人单行前进，周士第和李硕勋率领的第二十五师几千人的行列拉得很长，有时因战事急需，每日行军近百华里左右，不是上山，就是下山，很少能遇到一段平地。有些知识分子和战士，生长在北方平原，很少有日行百里的锻炼。在困难时刻，李硕勋再次加强政治教育，鼓励大家树立共产主义理想，树立远大革命理想，树立统一祖国理想，战胜困难，奋勇前进。当时，行军两头不见太阳。早晨天未亮，他和大家吃饭，饭后迅即出发，午休时间较短，不做饭，晚上宿营再吃一顿。行军生活虽然很艰苦，但由于李硕勋善于做细致的政治思想教育工作，大家始终很乐观。

8月19日，南昌起义军抵达江西瑞金。当时，国民党反动派的南路总指挥钱大钧率领敌第二十师、第二十八师、新编第一师和补充团合计十个团，在会昌附近集中，并以会昌为中心，在城东北、西北的南山岭、城西的寨崀修筑了强固的工事严守，同时，在会昌的贡水沿岸也筑了工事。国民党黄绍竑部的广西军七个团也集结于附近的白鹅圩，同会昌城遥遥相对，成掎角之势，阴谋阻止我军南下。为此，周恩来等前委同志决定，务必首先消灭会昌敌人。

叶挺、聂荣臻指挥第十一军的二十四师、二十五师，担任进攻会昌西北的重任。

二十五师接到战斗命令后，随即对全师进行简短的战斗动员，讲述会昌战斗的重要性，要求大家发扬"铁军"、叶挺独立团的英勇战斗精神，务求歼灭敌军，攻下会昌。为了迅速歼敌，李硕勋和周士第于晚上率领部队由瑞金出征。24日下午，当他们赶到会昌附近的南山岭时，叶挺、聂荣臻早已派参谋在此等候，要他们立刻赶到指挥部，接受具体作战任务。到达指挥部后，周恩来说："你们二十五师的任务，我们已经讨论过了，由叶挺同志给你们讲吧！"

叶挺对李硕勋、周士第说："你们派第七十五团进攻寨崠，要快一点占领这个山头；第七十三团进攻二五三一高地北面一带的敌人；第七十四团接第七十三团左翼进攻，得手以后由北面进攻会昌城，今天一定要占领会昌。你们还要派人同朱德同志那边的部队取得联系。"

随后，聂荣臻作了指示，说："这次战斗很重要，你们的任务很重，部队走得很疲劳了，要好好地进行战斗动员。党员、团员要起模范作用，保证完成战斗任务，打下会昌。"李硕勋表示一定遵照上级布置，作好政治动员，切实完成上级布置的战斗任务。

最后，周恩来对他们说："部队是很疲劳，可是会昌一定要打下来，你们有没有把握呀？"周士第、李硕勋当即表示："我们向党保证，一定打下会昌！"

回到师部，周士第、李硕勋根据周恩来等同志的部署，对团长、党代表传达了上级指示精神，并布置各团和各部门的战斗任务。李硕勋在会上，特别强调共产党员、青年团员、军

△ 1922年聂荣臻同志在比利时沙洛瓦劳动大学化学系学习时的留影

官要起模范作用、先锋作用，不怕艰苦，不怕牺牲，时刻准备为人民捐躯，保证上级下达的战斗任务能按时完成。各团领导人返回后，很快进入战斗。第七十五团首先向寨嵩之敌发起进攻，以突然袭击夺取了一个山头，占领了有利阵地，旋即以猛烈火力，扫射敌人；第七十四团迅速运动到第七十三团左翼的南山岭北端，向敌人攻击，夺取敌人另一处阵地，并按照周士第、李硕勋的命令，分配参谋率领一个排到城东北，同朱德指挥的部队取得联络，彼此呼应，联合杀敌；第七十三团连续占领几座山头后，就向二五三一高地以北几个重要山头猛攻。这几个山头是会昌城西北的天然屏障，是敌人的主阵地，敌人在这一带构筑了大量工事，并配备了很强的兵力。李硕勋、周士第将师指挥所扎在距敌主阵地西约一千米处的一座山头上，同第七十三团指挥所和重机枪连在一起，以便于指挥。第七十三团组织的几次进攻，都遭到敌人的顽抗，未能奏效。李硕勋和周士第及时调整战斗策略，命令第七十三团兵分两路，从敌两翼再次发起攻击。战士们不怕牺牲，勇猛作战，一步一步地逼近敌人占领的山顶。他们俩几乎一天没吃饭，师部副官走到他们身边，悄悄地问："是不是叫后边送点吃的来？"李硕勋看了周士第一眼，说："打下会昌，我们跟第七十三团战士一起吃！"

第二十五师加入战斗后，我军如虎添翼，各部队从四面八方向会昌之敌发起凌厉攻势，寨嵩的敌人首先招架不住了，开始渡河逃跑。李硕勋、周士第商议，立即命令吹起总攻号。重机枪连的六挺重机枪一齐向敌人发起猛烈射击，掩护主攻部队冲锋，一鼓作气，攻下了敌人的主阵地，敌人全面向会昌城里撤退。在李硕勋、周士第带领第二十五师猛攻猛冲的同时，第二十四师等兄弟部队也由城西发起冲锋。8月24日下午4时，李硕勋与第二十五师等部队攻入会昌城。

26日，周士第、李硕勋又率第七十三团、七十四团和七十五团迎击企图向会昌反击的黄绍竑部，歼敌两个营，缴获枪支几百支，大获全胜。

会昌作战胜利后，叶挺、聂荣臻以十一军的名义传令，嘉奖第二十五师及该师领导人周士第、李硕勋、游步仁等作战英勇，配合友军，攻下会昌。

起义部队在会昌稍事休息，以周恩来为首的前委决定折回瑞金，于9月1日从瑞金出发，向福建汀州挺进。两地相距仅100里，路程不长，但两省交界，横隔着一座崇山峻岭——武夷山。山路崎岖，行军十分困难。这时，第二十五师仍担任后卫，李硕勋对全师官兵说："全师不仅要掩护整个南昌起义军南下，而且还要担负掩护七八百名伤病员和大批武器、弹药的运输。"
他发动政治部一批同志，发动会昌、瑞金几
千名群众援助我军担架，抬伤病员和运送武
器、弹药于 9 月 3 日到达汀州。随后，李硕
勋等又率领第二十五师，离开福建，向广东
大埔县进军。

→ **三河坝战役**

★★★★★

（24 岁）

　　9 月 18 日，部队到达广东大埔县的三河
坝。为了加强对这支宝贵的革命武装力量的
领导，周恩来决定第二十五师归朱德指挥，
并由朱德、李硕勋、周士第组成前敌委员会，
与第九军教导团一起扼守三河坝，牵制和防
御从梅县及闽西方向的来犯之敌，防止敌军
抄袭我军进攻潮汕的后路。

　　这时，李硕勋迅即派出同志同当地党

△ 三河坝战役纪念馆

组织取得联系。中共大浦县委派一个联络员在二十五师师部，协助派出农民到附近侦察敌情，提供情报，并提供后勤支援。

三河坝位于梅江、汀江、梅潭河流向韩江的汇合口处，群山环绕，江流汹涌，战略位置十分重要。二十五师初时驻扎在三河坝镇上，如果发生战事，就是背水战，地形于我军极不利。为此，李硕勋请示朱德同意，在当地农民、船民帮助下，挥师渡河，在三河坝对岸的东文部、笔枝尾山、龙虎坑、下村一带布防，构筑防御工事，准备随时迎击敌人。

不久，当地农民送来情报，进犯三河坝的敌人是从梅县松口沿梅江来犯的钱大钧部三个师约两万余人。在朱德指挥下，在周士第、李硕勋带领下，二十五师坚守阵地，封锁着宽阔的大江，同敌人隔江对峙，即展开了三天三夜的惊天动地的英勇战斗。

10月1日，敌军沿韩江北岸进攻。在周士第、

△ 周士第

李硕勋的带领下，二十五师严阵以待，激战一天，多次打沉敌船，使敌军寸步难进，不能登岸。在战斗猛烈进行的时刻，李硕勋曾到前沿阵地，指挥河边部队，抗击敌人。在战斗的间隙，趁着敌人溃退的时候，李硕勋又提醒前线官兵说："敌人虽暂时被我们击退了，但敌众我寡，敌人还会卷土重来，再来渡河。我们务必坚守河边阵地，歼灭敌人，牵制敌军，以掩护周恩来、贺龙、叶挺、刘伯承等率领的南昌起义军胜利进入汕头，为起义军继续挺进创造良好条件。我们一定要发扬'铁军'、叶挺独立团攻打汀泗桥、贺胜桥、武昌的英勇战斗精神，要发扬会昌勇猛歼敌的精神，坚守三河坝，随时准备，为打倒军阀、统一祖国而献身，为中国人民革命事业流尽自己最后一滴血。"李硕勋那铿锵有力、掷地有声的政治鼓动，激励着每位官兵，大家都沉着应战，准备歼灭一切敢于来犯的敌人。

晚上，周士第、李硕勋又令第二十五师一部官兵强渡梅潭河，首先占领对岸的有利制高点，以便夹攻敢于来犯敌人。

10月2日上午，李硕勋来到韩江东岸的前沿阵地，同战士们一起打退敌人一次又一次进攻。下午5时，大批敌军由梅县方向进入三河坝，李硕勋告诫官兵，准备苦战。入夜，十几只敌船满装敌人，偷渡过河，阴谋登岸。在周士第和李硕勋等领导人的部署下，七十五团对敌人实行了"半渡而击"。当敌船行至江心，指挥员一声令下，密集的火力射向敌船，转眼间，有的船被击沉了，有的船着火了，有的木船无人掌舵，向下游漂去，敌人伤亡惨重。李硕勋再次告诫官兵，吃完饭抓紧时间休息，敌人决不会就此善罢甘休，准备再战。果然，下半夜又从梅江驶来五十多只船，从正面强渡，一部分被我军击沉，半数敌人爬上东岸占领了滩头竹林阵地。七十五团趁敌人立足未稳，以六个连兵力，猛扑敌群。由于敌人背水顽抗，侥幸登陆的三百多人，不是被打死，就是被打伤，或者活捉，无一漏网。这次出击，打得很漂亮，更加激发起部队的战斗士气。

10月3日拂晓，大雾弥漫笼罩韩江，数十步外不能见人。狡猾的敌人对笔枝尾山、龙虎坑一带阵地进行了半月形的包围，从西北面渡过梅江、汀江，阴谋使我军腹背受敌。敌人还组织了更强大的兵力偷渡，滩头竹林前沿阵地再次陷入敌手。但是，在周士第、李硕勋指挥下，七十五团官兵英勇顽强战斗，夺回了阵地，接着又连续打退了敌人波浪式的多次冲锋。剧烈的血战一直坚持到午后，敌人登陆阵地的阴谋均未能得逞。下午3时许，敌人又调集大批机关枪、迫击炮作掩护，继续猛烈进攻。但来犯敌人均被我军彻底消灭，守住了笔枝尾山阵地。黄昏，周士第、李硕勋下令侧翼批七十四团赶来增援，再次杀退敌人，夺回了笔枝尾山一带的一些阵地。

与此同时，七十三团在距离笔枝尾山500米处左侧的一座高山——石子崇粉碎了钱大钧部猛烈的进攻。七十四团在这次战斗中，扼守东文部一带阵地，也打退了敌人多次的进攻。战斗中，李硕勋到七十四团阵地，表扬这个团打得勇猛、灵活、机动，支援七十五团的兄弟部队作战，歼灭敌人，战功卓著。

从河南战役到会昌战斗，李硕勋深深感到群众援助革命军队，是获得作战胜利的重要因素。为此，李硕勋经过与朱德、周士第商议，派出二十五师政治部工作人员与部分军官组成工作队，到三河坝附近圩镇、村庄从事群众工作，宣传我党的政策，发动群众援助我军，并送了二百支枪给中共大浦县组织武装，还送了部分枪支给三河坝农军，争取他们援助我军作战。农民武装约有一百多人在龙虎坑、笔枝尾山、石子崒一带与我军并肩作战，共同杀敌。战争中，有些农民燃放鞭炮，以迷惑敌人。他们还冒着敌人炮火，送饭送水到我军阵地，运输粮食，抬运伤员。李硕勋非常感谢当地群众的援助，并请示朱德同意，及时送了一些战利品给群众，以加强军民团结，共同战胜敌人。

由于敌人不断增援，我军占领的一些阵地陆续陷入敌手。东文部、笔枝尾山被敌人占领。二十五师处于占领绝对优势的敌人的三面包围之中。在三河坝三天三夜的激战中，我军消灭了敌人三千多人，并缴获大量枪支、弹药，但二十五师也伤亡九百人。为了保存革命力量，朱德与周士第、李硕勋经过研究后决定，二十五师退出战斗，迅速转移，拟经百候、饶平到潮州、汕头与南昌起义军主力会师。二十五师采取次第掩护、逐步撤退的办法，使部队摆脱了敌人，沿着一条通向湖寮的路线，朝西南方向前进。

李硕勋和师政治部的同志是最后一批撤退的。韩江上游，河水湍急，他们必须从西岸乘船渡到东岸，再从东岸涉水到另一条浅水河的北岸，才能步行向原方向走。黑夜中，在只有一个汽灯照明的情况下，李硕勋和同志们挤在一只木船上，危急紧张的程度是可想而知的。但由于李硕勋事前已经加强了纪律教育，整个部队秩序不乱，没有一个落水或掉队。当渡过一条浅河时，大家要下水，水深到了人们的胸部，人已很难站稳，水流也很急，李硕勋与同志们手拉着手，或用树枝联系在一起，以便一人不稳，别人拉扯着，以免掉队。渡河一直持续到天亮，这时，远处的敌人已经开枪。敌人的子弹射入大家身旁水中，咻咻作响。而李硕勋和大家早已把生死置之度外，随时准备牺牲，毫不畏惧，登上陆地，继续前进。

英雄的二十五师虽然经过了三河坝的浴血奋战，但仍然是三个团的建制。这时，为了加强对这支队伍的领导，决定由朱德、周士第、李硕勋三人组成前敌委员会，以朱德为领导人，率领部队继续前进。

10月5日，部队顺利到达饶平县茂芝，恰巧在这里与从潮州退出来的第二十军第三师和教导团会合。

10月17日上午，为了解决革命前途命运和部队向何处去的问题，朱德在茂芝的全德学校主持召开了会议，朱德、周士第、李硕勋等二十多人参加。在深入分析敌情和热烈讨论的基础上，会议形成了四条意见：第一，起义军和上级的联系已断，要尽快找到上级党组织取得联系，以便取得上级的指示；第二，要保存这支起义部队作为革命的种子，就要找到一个既隐蔽又有群众基础的立足点；第三，据最新情况看，敌人已从南、西、北方向向起义军合围，必须从东北方向穿插出去。行动上要隐蔽，沿边界避敌穿插行进；第四，要继续对全军做艰苦的思想政治工作，要发挥党团员、干部的先锋模范作用。会议否决了少数人关于解散队伍的提议，形成了"隐蔽北上，穿山西进，直奔湘南"的军事决议。

第二天，部队从茂芝出发，经福建的永定、峰市、武平，向江西方向转移。那时，军阀割据，以省为界，两省边界形成两不管地带。李硕勋利用这个有利条件行军，为了避免和敌人遭遇，他们不进城市、乡镇，只过乡村，走的是崎岖山路。

这支部队既无援兵，又无供给，前有敌军，后有追兵，困难之大，可想而知。有时一天只吃上一顿饭，有时甚至一天颗粒未进。10月的天气，虽然还不算太冷，但早晚已经很凉，尤其是夜里露营野外，战士们仍穿着南昌起义时那身单军衣，冻得难忍。这支部队在朱德、周士第的指挥下，在李硕勋强有力的政治思想教育下，一直充满着革命乐观主义精神。经过半个多月同敌人周旋，同困难搏斗，于10月下旬，到达江西南部筠门岭的天心村。

鉴于李硕勋曾在上海学习、工作多年，熟悉上海情况，部队党组织和朱德等决定，派李硕勋回上海，向党中央汇报第一师的战斗情况和请示今后行动方针。李硕勋于10月底告别了这支队伍，奔赴上海寻找党中央。

白区战斗

(1928-1930)

→ 镇定自若 化险为夷

李硕勋日夜兼程、餐风露宿，由江西南部农村到于都，经九江最后到达上海。他立即与党中央和瞿秋白取得联系，向党中央汇报了南昌起义军在赣粤边境艰苦战斗的情况并请示今后行动方针。党中央鉴于上海党组织连续遭到敌人严重破坏的情况，又鉴于李硕勋有丰富的白区工作经验，就没有分配他重回南昌起义部队，而是把他留在上海，任中共江苏省委秘书处秘书，从事地下工作。他的革命工作的策略方式与以前完全不同，由公开活动转为秘密活动。那时，帝国主义在上海等大城市占有租界，有"领事裁判权"，被称为"国中之国"。国民党反动派在租界没有行政管理权，为了避免国民党反动派破坏，我党将上海的地下机关设在租界内，李硕勋也与妻子赵君陶住进了法租界民德里15号，在白区秘密开展斗争。

白区工作十分危险，必须具备高度的警惕。1928年2月23日，是李硕勋的25岁生日，恰好也是夏之栩（赵世炎的妻子）的生日，夏之栩邀他和赵君陶一起到她家过生日。在此之前，李硕勋还要到上海总工会参加一个会议。他走出门外不远发觉情况不对头，立刻返回室内，对妻子说："我们住的房子，许多人不知道，现在房外有人窥探，情况异常，你立即到夏之栩家躲躲。"他和妻子先后离开住所，巧妙地甩掉敌人，赵君陶去了夏之栩家，李硕勋径直奔省总工会，可是他刚到附近，发现总工会机关已被敌人包围，于是李硕勋迅速到其他有关机关通知人员转移。他又回到省委秘书处机关隐蔽及收藏秘密文件等物。这时，忽闻后面敲门声甚急，他急往三楼晒台探视，发现后门外反动派的巡捕侦探密集，于是他由阳台翻过邻家，幸免于难。他机警逃出后，不仅没有惊慌躲避，并且立即寻找其他同志，在主要路口守候，通知来往同志不要再到那个已被破坏的机关。因此，除这个机关被破坏外，机关外的同志，因得到通知，没有一个被捕，没有一纸文件丢失。李硕勋的机警、多智、处变不惊、勇敢负责，深为周围的同志赞扬。

当时，李硕勋与余泽鸿同住一栋楼。一个在楼上，一个在楼下。有一天，李硕勋在家中突然听到外面风声不对，发现军警、侦探来包围附近的民房，迅即告知大家快撤。他也迅速从家里转移。途中，他遇到余泽鸿正准备回家，于是告诉余泽鸿不要回家，使余泽鸿没有发生意外。李硕勋的警惕性非常高，时刻注意防止敌人的破坏。

→ 为革命事业四处奔波

★★★★★

（25—26岁）

1928年4月，根据党的指示，李硕勋被派到武汉工作。当时，武汉的白色恐怖十分严重，李硕勋刚到武汉，还没来得及同当地的同事联系，就被反动派注意上了。他住在旅店，被军警多次盘问追查。军警说李硕勋所述与身份及当地情况不符，逼他离境。因为处境险恶，李硕勋不得不折回上海，担任中共江苏省委秘书长。同年5月，他又离开上海来到杭州，接替梅龚彬的职务，任中共浙江省委常委。当时，主持浙江省委工作的是卓兰芳。后卓兰芳离开杭州到富阳、兰溪巡视工作期间，浙江省委的日常工作就由李硕勋主持。经过李硕勋短时间的工作，浙江省各地党组织得到迅速恢复和发展，全省有二十多个县建立了党组织，其中有十几个县成立了县委，浙西还成立了特委。李硕勋还曾一度任中共浙江省军委书记，领导全省军事工作。

此时，他曾部署各地大力开展革命斗争。在浙南的永嘉、瑞安、平阳等县爆发了联合的武装起义，给敌人以沉重打击。

1928 年 7 月，李硕勋与济难会的同志商议营救被捕同志和抚恤死难烈士家属等问题，并与省教育宣传委员会同志商议有关加强党内外的宣传教育等问题，以便提高同志们的思想觉悟，共同把浙江革命事业搞得更好，同时派卓阿德为来往于上海与杭州等地之间的秘密通道，以加强省委和党中央以及省内各地之间的联系，聆听中共中央的指示和了解各地的情况，以更好地贯彻党中央的指示。

在李硕勋任中共浙江省军委书记期间，他和省委军委的同志们一道，发动农民、农军、革命士兵，开展军事斗争。他特别注重做国民党军队的工作，不断派出党员、革命干部加入军队当兵，打入敌军内部；同时还派出党员或同情共产党的积极分子在兵营附近扮作小商贩，与士兵密切来往。在军队内则秘密组织士兵联合会，发动士兵开展革命活动，扩大共产党的影响和扩大革命力量，瓦解和削弱反动军队的战斗力。在发展党员较多的部队，以连为单位建立秘密党支部，以排为单位建立秘密党小组。这一卓有成效的工作，为后来建立中国工农红军第十四军，奠定了坚实的基础。

8月，经李硕勋等省委同志研究后，省委派了一些同志到上海中共中央所开设的党校学习，接受训练，以利于今后在浙江长期进行革命斗争。为了领导开展秋收斗争，发动农民抗交地租给地主，李硕勋等省委同志讨论后，决定建立中共浙南特委，统一领导浙江省南部各县的党组织进行革命斗争。

1928年10月，李硕勋和赵君陶的第一个孩子在上海出世，取名李远芃（即李鹏）。

同年11月，中共浙江省委为贯彻中共第六次全国代表大会的决议精神，拟于12月召开浙江省党的代表大会。为此，召开了省委第五十次会议，通过了包括李硕勋在内的新省委成员名单，并于11月20呈报中共中央审批。这时，由于革命工作的需要，省委扩大后内部组织和分工确定下来了，11月27日，李硕勋任中共浙江省代理书记。

12月8日，中央复信给浙江省委，明确表示不同意即时召开省党代会，但同意李硕勋等五人为省委正式常委。

李硕勋等省委同志接到党中央复信后，立即研究如何贯彻，决定按中央指示办，省党代会不开。这时，党中央派澎湃来浙江视察。澎湃要求省委速召开省委扩大会，根据党的第六次全国代表大会决议案精神，决定浙江的政治和工作路线。为此，李硕勋等省委同志决定于1929年1月16日召开省委扩大会议。

由李硕勋主持召开的这次会议，通过了政治、组织、职工运动、农民运动决议案。李硕勋根据中国共产党第六次全国代表大会的精神，要选拔工人出身的党员干部担任党组织领导人，与委员共同商议，改组省委。工人出身的省委常委徐英任中共浙江省委书记，李硕勋改任省委组织部长。省委改组后，李硕勋积极协助徐英开展革命斗争。他坚决执行党中央的决议，主动顾全大局，服从组织安排，愉快接受党的分配，不计较个人名利，表现了一个共产党人的高尚品质，赢得了同志们的尊敬和爱戴。

省委扩大会议结束后几天，国民党反动派的

浙江省政府在检查邮件时发现中共浙江省委通讯处的线索，敌人纷纷出动，昼夜辗转搜捕，将青年团浙江省委机关破坏，随后在各地相继逮捕青年团浙江省委领导人钱子康以及工作人员十余人。青年团浙江省委机关受到严重破坏。省委机关也受到威胁，富有白区工作经验的李硕勋立即建议省委书记徐英和省委机关转移，才幸免被捕和破坏。一时间，白色恐怖笼罩杭州。整个杭州党组织，除了士兵党支部外，大部分解体，工作暂时无法进行。这时，徐英、李硕勋等省委同志决定：与其在杭州不能开展工作，不如让一部分同志到各地区巡视，报告省委扩大会议的决议案要点，以及帮助各地党组织进行工作。李硕勋和另外四名省委委员留在杭州，重新组建省委机关，领导全省斗争。李硕勋深知形势的严峻，他告诫身边的同事：必须作好随时被捕入狱杀头的准备，凡涉及党内机密文件或烧或藏，决不可落入敌人之手。

　　1929年春，浙江白色恐怖更为严重，敌人四处逮捕革命同志。有一天，有几名军警突然闯入省委机关新址查户口，有的同志以为敌人发现蛛丝马迹，是来抓人的，有些慌乱，准备撤走。但敌人已经到门口，要转移已是不可能。李硕勋镇定自若，立即叫同志们摆上麻将桌，装作打牌，要求大家看他眼色行事，切不可轻举妄动。当军警进入室内，盘问一通，见李硕勋对答如流，什么破绽也没看出来便走了。这使浙江省委机关避免一次重大损失。

→ 返回上海

★★★★★

（26 岁）

1929 年春，根据革命工作需要，李硕勋被党组织分配到上海，担任中共沪西区区委书记。

沪西区有许多工厂，共产党员中以工人为最多，全区有共产党员 89 人，其中工人 82 人，知识分子仅 7 人。该区共有支部 18 个，平均每个支部只有 5 人左右。支部很小，很分散。针对这个特点，李硕勋经常要深入到各街道、工厂开展工作。

当时，上海的白色恐怖也很严重。国民党反动派自从 1927 年 4 月 12 日在上海实行反革命政变后，继续搜捕共产党人和进步人士。李硕勋把生死置之度外，依旧秘密来往于各个地下据点、支部之间。在大革命时期，

曾在上海公开开展学生运动，参加各种大、中、小型会议，认识许多人。大革命失败后，有些人叛变了，出卖同志，为虎作伥，环境十分恶劣。为此，李硕勋白天出去活动，都会让妻子赵君陶帮他化装，以免被叛徒认出。晚上，他出外也进行适当化装，尽量减少被叛徒发现的机会。当时，李硕勋重点开展工人运动，发动沪西各个党支部，团结工人，进行适当提高工资和减少工时的斗争。

1929 年 5 月，蒋桂战争暂告结束，但带给工人的痛苦并没有结束。这次战争使帝国主义与帝国主义之间、军阀与军阀之间的矛盾日益加深。在这期间，国民党反动派加紧从经济上、政治上剥削、压迫工人。在经济方面，他们发行七千万编遣公债，加征各种苛捐杂税，仅上海一地就有 72 种之多，使工人负担大大加重。政治方面，反动派为维持其反动政权，一面采取白色恐怖政策，逮捕工人，屠杀工人领袖，通缉、拘禁工人积极分子；另一方面则拉拢工贼控制上海总工会，进一步欺压工人，甚至有组织地利用流氓压制、打击工人运动。李硕勋发动工人参加革命工会——上海工联会，同反动派进行针锋相对的斗争。

这一年的五一劳动节和"五九"示威运动周，李硕勋大力发动沪西工人参加上海工人举行的示威运动，抗议国民党反动派在政治上、经济上残酷压迫剥削广大工人。当五卅惨案四周年到来的时候，李硕勋又组织更多工人参加纪念这个富有历史意义的日子，组织工人与全市各区工人一起举行总示威，反对帝国主义屠杀我国人民，反对国民党反动派与帝国主义勾结，实行法西斯统治，打击工人的革命斗争。这时，他发动工人不断地从经济斗争进而到政治斗争，给反动派以狠狠的打击。这个斗争形势，打破了取消斗争、改良主义的观念，打破了敌人环攻高压造成的沉寂局面。

8 月，李硕勋又作为中共法南区委负责人，领导上海法南区的工人运动，对于取得的成绩，他及时总结经验，向全区各支部作介绍，进行推广。有些运动没有成功，他也及时总结教训，帮助党支部、工人积极分子、工联会干部吸取教训，不要消极，要继续坚持斗争。

这时中共江苏省委设在上海，兼领导上海各区工作。由中共中央政治局候补委员罗登贤兼任省委书记。李硕勋经常向罗登贤汇报和请示工作，由于李硕勋工作认真、积极负责，开展革命斗争有成绩，罗登贤表扬了他的斗争业绩。

由于常年辛苦过度，加上在上海开展工人运动饥饱无时，李硕勋患上了严重的胃病，身体日见消瘦。但他把病痛完全置之脑后，仍然以高昂的精神同反动派斗争。

有一段时间，李硕勋还担任上海中共沪中区委书记。沪中区的党员中大部分是店员，共有25个支部，李硕勋针对店员的很多特点，着重召开小型会议，部署工作。

→ 重返军界

★★★★★

（26—27岁）

1929年秋，李硕勋在上海任中共江苏省委军委负责人，后任中共江苏省委军委书记，与中共江苏省委书记李维汉同志一起共同战斗。他对开展军事斗争十分重视，特别对建立革命武装开展游击战非常关注。在取得李维汉的同意后，李硕勋先后派何昆、徐德等大批军事干部到江苏各地开展工作，把战斗在南通、海门、如皋、泰兴等地的零星革命武装组织起来，筹建中国工农红军第十四军。

在李硕勋等的指导下，如泰地区的红军于12月24日发起进攻，占领长江江畔的周庄头，挺进至西来庵、长安市等军事要地。到1929年底，如泰红军已建立了一个较大的游击区。1930年1月，如皋薄家湾共产党组织召集四五十人，也举行了武装起义。在南通、海门、如皋、泰兴等地区，红十四军在江苏省委和李硕勋的领导下，大力展开武装斗争。与此同时，江苏的宜兴、江阴、无锡等地的武装斗争也迅猛发展，小型斗争始终不断。

1929年11月18日，李硕勋在上海市龙华路外日晖桥的泉漳中学出席了中共江苏省第二次代表大会，与到会代表一起，推选了周恩来、徐锡要、李维汉等十人为大会主席团成员。会上，李硕勋听取了李立三代表党中央作的《政治报告》，认识到世界革命已进入一个新的阶段，在新形势面前，我们必须采取积极进攻策略，推翻国民党反动派，建立工农兵苏维埃。19日，李维汉代表江苏省委作《江苏政治状况与党的任务和策略》的报告，进一步明确了江苏当前情况和今后任务，稍后，他和到会人员听了周恩来同志作《中央组织问题》报告，明确了今后党组织的工作任务。通过听报告和讨论，李硕勋对周恩来同志关于党要发挥无产阶级先锋队的作用以及如何以马克思列宁主义武装群众，如何实行党内民主化，如何加强党的纪律性等问题，有了较深刻的理解，对如何更有效地组织农民和系统建立各级农会有了较深刻的认识。会后，李硕勋与代表们通过了关于政治、组织、职工运动、农民运动、青年运动、妇女运动等决议案，李硕勋当选为省委委员。

12月2日，李硕勋和同志们拥护发表中共江苏省第二次代表大会宣言，指出：中国共产党江苏省最近召开第二次代表大会，一致决议坚决站在江苏的工农劳苦群众的前面，领导工农劳苦群众为解放而奋斗，为中国革命的彻底胜利而奋斗。

12月16日，为了进一步发动工农兵参加革命斗争，经李硕勋等省委同志研究后，同中共江苏省委、共青团江苏省委联合发表宣言，号召工农兵及一切劳苦群众联合起来，武装起来，实行以革命的战争消灭军阀战争，加紧准备武装暴动，从根本上推翻帝国主义和国民党反动派政府的军阀统治，建立工、农、兵及劳苦贫民的苏维埃政权。

12月23日，李硕勋又与省委同志共同发出关于组织同盟罢工的中心问题的通告和计划大纲。指出发动工人参加革命斗争，必须有中心斗争纲领，加强宣传鼓动，使经济斗争与政治斗争密切联系发展，并对组织铁路、海员、兵工厂罢工斗争的主要路线和具体工作作了指示。

当时，中共江苏省委领导的上海、江苏等省市都是工人较多的地区。为了深入发动这一地区的工人起来参加革命斗争，李硕勋与省委同志研究后于1930年1月5日发出关于接受共产国际对中国职工运动决议及中央62号通告的决议。由于军阀连年征战，反动派到处拉壮丁去当兵，针对这一情况，1月9日，中共江苏省委发出第6号通告，指示各地党组织要非常重视领导人民群众，团结起来，反对国民党反动派招兵。指示发出后，李硕勋在上海发动工人反对敌人招兵，使国民党反动派不能乱拉炮灰。

▷ 军民欢庆苏维埃政府建立(油画)

李硕勋十分重视青年工作，认为青年是一支重要的革命力量，是一支能起先锋突击作用的新生力量，是一支比较容易发动的朝气蓬勃的积极力量。为了发动广大青年投入革命战斗，经李硕勋与省委同志讨论后，中共江苏省委于1月15日发出关于农村青年工作决议案（草案），首先分析了江苏农村社会经济与青年生活状况，指出了目前江苏农村斗争趋势与党的策略以及青年在斗争中的作用，总结了过去青年工作的经验，确定了青年工作的路线与任务。

1月20日，经李维汉、李硕勋等省委同志讨论同意后，中共江苏省委发出关于建立和扩大红军工作给各地党支部的通知。通知指出："江苏虽然是帝国主义和国民党统治中心，广大红军集中一地，目前不易存在，但在现时农村斗争发展的形势下，红军以游击队伍的形式在集中指挥下，实行游击战争，毫无疑问是可能而必需的。"在中共江苏省委和李硕勋的部署下，江苏农村武装斗争蓬勃发展。

根据中共中央军委和中央军委书记周恩来的指示，1月21日中共江苏省委和省委书记李维汉、省委军委书记李硕勋等同志商议后，决定建立中共特委，进一步发动农民、农军举行武装起义，开展土地革命。同时，李硕勋等同志开始着手准备建立中国工农红军第十五军，派徐海蚌、赵雪门到宿迁，传达省委军委命令：组织农民暴动，建立红十五军。以徐海蚌、赵雪门为负责人，担负指导工作。

2月，李硕勋任中共中央军委委员、中共江苏省委军委书记。那时，中央军委和江苏省委均设在上海。李硕勋经常把江苏武装斗争情况向周恩来等中央军委同志汇报，并研究下一步的斗争策略。参加中央军委会议后，又迅速回到江苏省委向同志们汇报和研究如何贯彻执行中央军委决议，作出决定，务求把中央的决议尽快贯彻到基层。

2月10日，中共江苏省委又发出关于江苏党内和群众工作几个中心问题的决议，要求南京、无锡、南通三个城市尽快建立起工会联合会；积极发展农民斗争，组织武装进行游击战争与组织兵变配合。

为了进一步发动工农参加革命斗争，中共江苏省委于2月20日发出关于加强工农运动、反对右倾、巩固党的组织等问题的通知。指示发出后，李硕勋深入到上海革命工会中去，发现在目前白色恐怖严重笼罩情况下，要组织总同盟政治罢工是不可能的，且易于被反动派破坏。为此，他一方面向省委和李维汉作了汇报，取得同意不搞总同盟政治罢工，另一方面着重发动工人参加改善生活待遇的经济斗争。

中共江苏省委于 2 月 21 日发出关于争取自由运动的第 16 号通告，明确指出党的路线是组织政治罢工，组织地方暴动，组织兵变，准备全国总暴动，在这个路线下，必须团结一切可以团结的力量，尤其是发动知识分子参加革命斗争。李硕勋也十分重视知识分子工作，认为知识分子也是革命队伍中的一支极为重要的革命力量。没有知识分子参加革命斗争，革命事业是不能取得胜利的。为此，他在上海也与自由运动大同盟的知识分子交朋友，把他们发动起来，与工人一起，在城市反对帝国主义及其走狗军阀。在中共南京市委领导下，南京大专院校和各界进步知识分

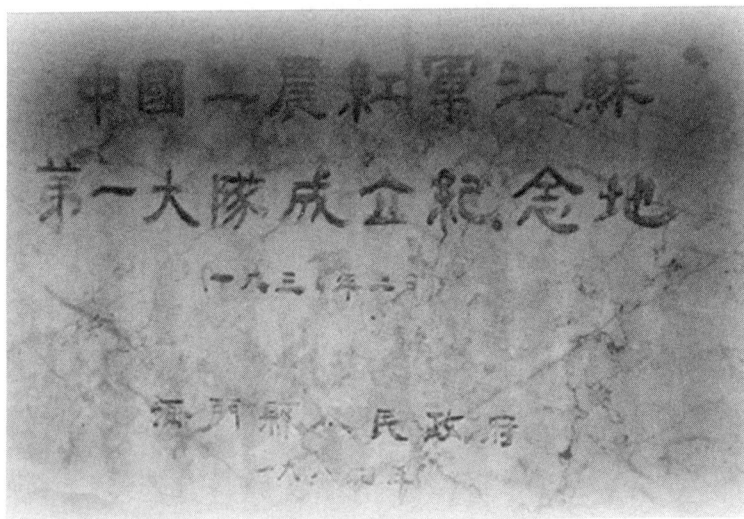

△ 中国工农红军江苏第一大队成立纪念碑

子建立南京自由大同盟，李硕勋得知这一消息后，也在上海自由运动大同盟中传达南京讯息，鼓励这两地的知识分子密切联系，互相学习先进革命斗争经验，以推动各地知识分子投入革命运动。

1930年春，中共江苏省委军委和李硕勋等同志号召扩大工农革命武装。同年2月，中共南通县委在岸头镇张家宅召开大会，正式宣布中国工农红军江苏第一大队成立。3月，中共江苏省委和李维汉、李硕勋等同志研究后决定，正式建立中国工农红军第十四军军部，以何昆为军长，下辖两个支队。组建红十四军，这是李硕勋等中共江苏省委同志对中国革命事业的一项重大贡献。4月，在中共江苏省委军委和李硕勋等同志的部署下，中共通海特委和红十四军部在如皋西南乡黄家巷召开庆祝建军大会，到会一万余人，发布了《告工农及一切革命群众书》。5月，在李硕勋等军委同志领导下，红十四军第一支队（第二师）由三马路、西三甲、余东五灶、小五总到达大然镇。进军沿途，武装农民与红军会师，合计一万四五千人，兵分两路，攻下通海边区军事据点——白龙堂的巢穴汤家沟，击毙恶霸和敌人六七十人，打击了反动派的气焰。

这年3月8日，为了发动各地工农群众参加革命斗争，李硕勋同省委同志商议后，给阜宁全体同志一封关于主要任务和各项工作布置、组织问题的信，在信中分析了全国形势和今后斗争策略，在信的末尾指出：阜宁党的主要危险是右倾，并对阜宁地下党当前任务作了具体布置。

这时，根据中央指示，中共江苏省委建立江苏省行动委员会，李硕勋是该会主席团成员之一。5月4日，江苏省行动委员会召开第三十二次主席团会议。会后，李硕勋继续在上海开展革命斗争。

此时，上海的国民党反动派与租界帝国主义巡捕勾结，逮捕革命同志，我党很多优秀同志都被逮捕杀害。李硕勋早已作好为共产主义事业牺牲的准备，仍然秘密来往于各个地下据点间，了解情况，布置工作。

对于城市贫民，李硕勋认为他们也是一支革命力量，应该把他们也发动起来参加革命，使之与政治罢工和地方暴动相配合，构成强大的反帝、反国民党反动派的力量。

为了进一步掀起革命斗争的高潮，当五卅惨案五周年到来的时候，李硕勋同中共江苏省委等同志发表工人、农民、士兵及一切被压迫劳苦群众宣言，号召一切被压迫的穷苦群众团结起来，以革命暴动消灭军阀战争，推翻帝国主义在中国之一切特权，推翻帝国主义和国民党反动派的统治。决定7月16日为全省反军阀战争示威日，并着重指示南京等地组织产业工人的罢工和公开的示威斗争，并立即成立兵委组织。6月18日，江苏省委常委会通过红五月工作总结，指出江苏党的迫切任务是组织广大群众的反帝运动，以促进革命高潮迅速爆发，并要求各级党组织必须把反帝工作列为日常基本工作之一，积极建立反帝组织，扩大反帝运动。

李硕勋对开展兵运工作、瓦解敌军和开展伤兵工作十分重视，认为这是削弱敌军力量，增强革命力量的重要一环。6月30日，江苏省委发出了《关于兵士暴动与伤兵运动》的通告，李硕勋根据当时情况，部署南京党组织首先要认真贯彻执行，要加强组织士兵暴动，在反动军队中建立地下党的支部和群众组织，团结广大士兵，以分化敌军。不久，南京卫戍团士兵起义，被敌人发现，遭逮捕，领导人被杀害，为此，李硕勋部署各地在执行通告指示时，必须注意保密，要注意策略，力求减少不必要的牺牲。

7月6日，以徐海蚌、赵雪门为负责人的中共宿迁县军委在中共江苏省委军委和李硕勋的统一部署下，率领本县武装，配合省县起义武装队伍，兵分两路，攻占了陇海铁路线上的军事重镇黄口，消灭敌军第七十二师一个连和商团、民团反动武装，俘虏一百多人，缴获一百八十多支长短枪。同时，王寨、永堌等地也举行起义。这支革命武装随即按省委军委的部署，整编为中国工农红军第十五军第一师。7日，宿县西北部的白善、东部的水池铺、东三铺等地革命武装举行起义，编为红十五军第三师；在铜山县的黄集、大湖贺村地区武装则被编为第二师。不久，由于红十五军军长陈资平被捕，革命武装被打散，红十五军这支队伍的番号也就随之不存在了。

⊙→ 胸怀坦荡　坚持真理

★★★★★

（27岁）

此时，正是党内"左"倾冒险主义盛行的时期。基于这一"左"的指导思想，中共江苏省委于7月14日改组为江苏省总行动委员会。李硕勋也是该会成员，但他对搞城市暴动并不热衷。7月21日，英法帝国主义和国民党反动派勾结，在上海屠杀法商电车罢工工人，罢工工人提出改善生活待遇的要求遭到镇压，李硕勋等省委同志以及青年团江苏省委负责人联合商议后，于7月26日发表宣言，严词声讨法帝国主义与国民党反动派勾结，残杀工人的罪行，号召上海工友和劳苦群众一致同盟罢工。随后，李硕勋到上海法商电车公司工人中去，鼓励他们要坚持罢工斗争。

在纪念南昌起义三周年的时候，中共江苏省委发表了《八一宣言》，号召工人、农民、士兵及一切劳苦群众赶快组织起来，发扬南昌起义精神，准备工农兵武装大暴动，推翻帝国主义和国民党反动派的反动统治，建立苏维埃政权。8月1日，中共涟水县委不顾敌强我弱的形势，发动八一暴动，遭到敌人血腥镇压，暴动总指挥吴长来、县委领导人张玉林等三十多人被捕。与此同时，在上海市区搞"飞行集会"中，一大批共产党员、青年团员、进步工人和学生被敌人逮捕

▷ 纪念八一南昌起义雕塑

杀害。在南京有数十名共产党员在搞"城市暴动"中被捕。8月中旬，国民党南京卫戍司令部又拟将35名被捕的共产党员杀害。卫戍司令部宪兵连的共产党地下支部为营救这些同志，要求提前举行武装起义。为了避免地下党组织遭到破坏，避免更多的同志牺牲，李维汉、李硕勋等省委同志研究后，不同意在条件尚未成熟时举行武装起义。事后，李硕勋等军委同志总结了这次事件的教训，转告各地，要认真做好保密工作，强调开展地下工作，特别是进行兵运工作，要特别注意绝对保密，防止敌人发现，以免被敌人破坏。

8月下旬，李硕勋还领导建立了中国工农红

△ 李维汉

军第十七军，以省委委员蒋雄为军长，在石牌、南河一带战斗。

1930年9月24日至28日，中共六届三中全会在上海召开，这次全会主要批判了李立三的"左"倾冒险主义的错误，结束了李立三"左"倾错误。会后，根据党中央指示，江苏省总行动委员会于10月初改组为中共江南省委，领导江苏、上海、浙江、安徽等省市党组织，李硕勋开始是中共江南省委的军委副书记，旋即任中共江南省委军委书记。这期间，他经常与中共江南省委书记李维汉，常委陈云、夏采曦、刘瑞龙等一道讨论如何在江苏、上海、浙江、安徽等省市开展反帝反军阀斗争的问题。尽管环境比过去更险恶，斗争比以往更艰巨，他依然不顾个人安危，以饱满的政治热情投入火热的斗争，生龙活虎地在上海沪西、沪中、法南等区出入，了解情况，联络同志，分析问题，指导工作。

鉴于有些共产党员不守纪律，有些党员不执行党的上级组织的决定，经李维汉、李硕勋等省委同志研究后，中共江苏省委于10月10日颁发党团工作条件，强调指出：如果同志们不严格执行此决定，仍发现有党团直接决定、直接执行的现象，认为是组织上、政治上严重的错误，党应该切实检举，并予以纪律上的处罚，从公开批评一直到撤销工作。这个条例下达后，李硕勋还到省委下属机关传达，要求共产党员务必提高组织性，严格遵守条例，减少无组织无纪律现象的发生。

为了进一步领导江苏、浙江、安徽各地县开展革命斗争，中共江南省委于 10 月 29 日在上海召开常委会议。会议决定，由陈云、李硕勋、蒋云、黄理文、刘瑞龙等省委委员组成中共江南省委外县工作委员会，领导和发动三省农民起来进行游击战争。11 月 20 日，李硕勋又出席了江南省委扩大会议，这次会议讨论通过了《江南三省农民运动决议》，决议对江南党在农民运动中的任务，领导农民战争的中心策略、农民组织、农村青年和妇女工作、革命委员会的运用等均作出了具体规定。会后，李硕勋在江苏各地传达贯彻中共江南省委扩大会议决议，并大力发动江南地区农民起来投入斗争。在李维汉、李硕勋的领导下，江苏、浙江、安徽地区的农民运动得到蓬勃发展。

12 月 29 日，经陈云、李硕勋等江南省委研究讨论后，通过了《关于中央紧急通告（96 号）的决议——反立三路线，反调和主义斗争问题》。1931 年元旦，中共江南省委修改正式通过了上述指示，然后向各地发出。随后，李硕勋即到江苏各地指导开展武装斗争。他对自己担负的中共江南省委军委书记职务，极端负责。尽管他这时身体有病，仍抱病到各地了解下情，总结经验，指导三省军事斗争的开展。

1931 年 1 月 8 日，中共丹阳县委领导镇江、丹阳地界的吴家桥武装群众三百多人举行武装起义。参加者大部分是共产党员。国民党反动派调大批警察等反动武装镇压。25 日，县委决定在东乡五大区大坝头一带再次举行武装起义。由于坏人向敌人告密，暴动队伍被反动警察包围，经过激战，革命队伍一人牺牲，五人被捕。武装起义失败，当地党组织受到严重破坏。李硕勋及时总结了这次武装起义的经验教训，指出：丹阳、镇江县委领导的两次武装起义"完全是三中全会的调和路线领导下重复了立三路线的错误"，今后要注意积蓄革命力量，待时机成熟，再举行武装起义。如果条件不成熟，没有把握取得胜利，则不要轻举妄动，以免暴露革命力量。

→ 广泛开展上海的地下革命运动

★★★★★

（28岁）

1月12日，中共江南省委发出一号通告《关于年关斗争、列（宁）、李（卜克内西）、卢（森堡）纪念，准备二七罢工示威的厂内活动的方法》。随后，李硕勋在上海沪西区、沪中区发动工人争做改善生活待遇，开展年关斗争，还通过纪念二七罢工八周年，发动工人援助各个革命根据地的武装斗争。

根据党中央指示，中共江南省委于1月17日改组为中共江苏省委。李硕勋仍任中共江苏省委军委书记。

在革命斗争中，李硕勋十分注意巩固党组织，以便使党组织能发挥战斗堡垒作用。鉴于前中共中央政治委员兼中共江苏省委常委王克全已追随罗章龙走上分裂党的道路，为此，经陈云、李硕勋等省委同志讨论后，中共江苏省委于1月21日决定改组上海工联党团干事会，决定立即停止王克全的党团书记职务。李硕勋还以这个事件为例，启发、教育上海和江苏的共产党员提高组织纪律性，增强党的观念，加强党的团结，以王克全等人为戒，万万不可搞分裂党、分裂工会的错误活动，要像爱护生命一样维护党的团结，绝对不要做损害党的团结的事。

转眼1931年的春节就要来临，为了发动工人参加年关斗争，改善经济待遇，李硕勋和中共江苏省委的同志研究，就年关斗争作出了一系列决议，要求各级党组织加强党对群众运动的领导，进行广泛的宣传鼓动工作，通过赤色工会组织群众进行政治上、经济上的年关斗争。随后，李硕勋到上海的沪西、沪中和法南等区传达省委的决议，并组织工人、店员要求提高工资，争取春节期间生活有所改善。

1931年初，国民党反动派的国民政府公布《危害民国紧急治罪法》，以代替过去颁布的《反革命治罪法》，新法令是专门用来对付我党革命活动而颁发的。这时，国民党反动派大肆逮捕共产党人、进步人士,实行法西斯屠杀。2月7日,敌淞沪警备司令部在上海龙华集体秘密杀害我党重要干部24名,其中有很多是李硕勋的战友,这时从事革命活动,随时都有被捕和牺牲的可能。可是李硕勋依然镇定自若,领导各地革命同志斗争。他经常提醒上海、江苏的同志,要加倍小心,注意维护党组织的安全。他还针对上海一些地方搞"飞行集会"的教训,指出:这种在繁华的街道轰轰烈烈的宣传,表面上好像热闹一阵子,实际上却在光天化日之下暴露了我党的力量,以至使党组织、革命团体遭到破坏,使一些同志被捕牺牲。为此,他告诉同志们,不要再干这些"左"倾的事,要扎扎实实地积蓄革命力量,不暴露白区的党组织,以便保存同志,在条件成熟时开展更大规模的斗争。

2月,国民党反动派调动大批反动军队围攻江西中央革命根据地以及其他省区的革命根据地。李硕勋到苏北,指导南通等地革命同志反击敌人。在上海发动革命同志、工人、知识分子到中央革命根据地、鄂豫皖根据地以及江苏的南通、崇明等地参加游击队的战斗或到当地从事革命工作,援助革命根据地的反"围剿"斗争。

2月9日，李硕勋同省委同志研究后，发出《关于拥护红军和苏维埃区域工作的决议案》，指出：动员广大劳苦群众用一切力量来反对帝国主义、反对国民党反动派进攻苏维埃区域，是党目前最迫切、最中心、最紧急的任务，并决议要加强士兵工作，发展游击战争和加强兵工厂工作。

李硕勋非常重视党刊的发行——加强宣传工作，认为这是提高广大党员阶级觉悟、政治觉悟、思想觉悟的重要方法之一。为此，经蔡和森、李硕勋等省委同志研究同意后，中共江苏省委于3月7日发出《关于各地党支部建立发行部的通知》，要求发行工作要深入到支部中去，列为支部生活之一。随后，李硕勋深入到上海各区，与各区区委和区工会联系，发动他们订阅党刊《红旗日报》，以便使上海各区共产党员、进步工会会员都能看到党刊，自觉接受共产主义思想、进步思想熏陶，使更多群众能团结在我党周围，更积极地参加反对敌人的斗争。

3月16日，在李硕勋的参与下，中共江苏省委发出《关于蒋介石第二次进攻工农红军，与我们对他的回答——接受中央给红军地方党部的训令的决议》，要求动员全省党、团、赤色工会及一切劳苦群众对国民党反动派的进攻以有力的回答。随后，李硕勋不断深入上海各工联会、赤色工会以及中共沪东、沪中、沪西、法南、闸北、吴淞、浦东等区委，指导区委积极开展工人运动，使敌人后方不得安宁，不得不派来大批军队驻守。同时，在军火、军需品工厂，发动工人开展怠工斗争，减少军火生产。

4月5日，为抓紧发展党员，加强党组织建设，李硕勋与省委同志研究决定后，发出关于发展党组织决议案的决议。随后，李硕勋到上海沪西、沪中等区指导工作，对区委提出了意见，要在各区工联会、赤色工会中抓紧吸收先进工人参加工会，参加党组织，以壮大工会组织和党的队伍。

为了指导江苏、上海等地军事工作和工人运动的深入开展，李硕勋、孔原等省委同志商议同意后，中共江苏省委于5月制订了6、7月份工作

▷《红旗日报》

计划：拥护苏区及红军方面，主要是向苏区及红军输送人力、物力、财力，征调募捐及开展苏维埃选举运动，要在6月份选出出席苏维埃代表大会的代表。反帝工作方面，要在外县成立反帝同盟组织。与此同时，中共江苏省委决定各级党委军委以下设立工农武装科和破坏科，以加强对白区工农武装斗争的领导，除上海成立中共闸北、法南、浦东、吴淞等区委兵委外，在南通、无锡、徐州、宿迁等地要求成立兵委。这些指示下达后，李硕勋在上海，亲自指导建立了中共闸北、法南、浦东、吴淞等区委兵委，秘密建立和扩大工人纠察队，并使部分纠察队员和地下工人武装拥有武器，伺机打击敌人、叛徒，以保护上海地下党组织和革命工会的安全。

在上海时，李硕勋曾与王明一起共事。他对于王明提倡的"飞行集会"一类"左"的做法有不同意见，曾展开过争论，表明自己不同意那一套既不符合中国国情也不适合当时革命处于低潮的形势的做法。作为一个共产党员，李硕勋从来不隐瞒自己的观点，光明磊落，胸怀坦荡。对于党内的错误路线，他用正确的理论一方面展开斗争，一方面力争在行动上纠正，避免造成更大的损失。

铮铮铁骨

（1931）

→ 远赴香港

（28岁）

　　由于南方革命工作的紧急需要，党决定派李硕勋到广东、江西边区的红七军工作，担任红七军政委。李硕勋愉快地接受了这一任务，匆匆准备之后，即打算取道香港，转赴红七军。

　　1931年5月20日晚，李硕勋踏上了开往香港的客轮。临别时，他的妻子赵君陶和儿子李鹏，还有他的老同学阳翰笙前来送行，对他的离别依依不舍。

　　经过四天的行程，24日早，李硕勋抵达香港，刚安顿下来，他立即给党中央写了一封信，告知他安全抵港，请求迅速决定他的行程日期，他急切希望投入工作。这是他作为一个革命家所具备的品质。同时，利用这暂短的工作间隙，他找到南华药房的柯麟医生。1926 年 7 月李硕勋赴广州主持召开第八次全国学生代表大会之机，与柯麟有过一面之交，由于几年的革命生涯，他的胃病日益严重，但此时，他仍然没有忘记工作，他主动找到香港坚持斗争的林布等人，研究在白区开展革命斗争的策略与行动问题。

1931 年间，中共广东省委机关设在香港。由于敌人的破坏，这一年春夏间许多同志被捕，迫切需要有丰富斗争经验的干部充实省委领导班子。为此，中共广东省委写信给中央，请求加派

▷ 柯麟

干部到广东工作，特别要求把李硕勋留在两广省委工作。

5月底，李硕勋又以"素"的化名给党中央写信，信中说："函谅达，我去留如何，速复电，即遵行。"

这年6月10日，中共广东省委书记蔡和森在香港参加海员干部会议，被反动派逮捕，后被引渡到广州壮烈牺牲。广东更迫切需要主要干部。这时，原中共广东省委宣传部长章汉夫任代理书记，后任中共广东省委书记，省委人事有很大调整。鉴于广东急需干部，党中央、中央军委任命李硕勋担任中共广东省委军委书记，就地留在香港工作。

在中共广东省委、省委军委领导下，广东的武装斗争在艰苦中曲折发展。东江一带，开辟了以大南山、八乡山为中心的九块革命根据地，并建立了中国工农红军第十一军，以古大存为军长；粤北的南雄油山一带，也有工农红军的活动，并且开辟了粤北革命根据地。尤其是在中国第二大岛——海南岛，中国工农红军独立师人数发展到了两千余人，且在澄迈、定安、琼东、乐会、万宁、陵水等县建立了苏维埃政权。了解到这一情况，李硕勋并没有盲目乐观。他知道，这些武装斗争还是星星之火，既可以燃烧起来，也有被敌人扑灭的危险。因此，他对东江、粤北、海南岛各根据地的斗争情况十分关注，经常跟广东省委的同志一道研究进一步开展武装斗争、壮大红军队伍、进行土地革命、巩固和扩大革命根据地等问题。他指出，东江根据地要力争跟江西中央革命根据地连成一片。

当时，党中央认为：李硕勋一个人在香港从事地下工作，容易引起别人怀疑，所以决定派在中共中央妇委工作的赵君陶到香港，使他们夫妇团聚，更有利于革命工作的开展。1931年7月1日，赵君陶、李鹏由上海乘轮船到达香港。李硕勋喜出望外，兴奋地对赵君陶说："幸亏你早来一周，如果迟来一周，我已到琼崖去了。"

原来，中共广东省委已决定派李硕勋到海南岛策划游击战争。李硕勋准备去海南，参加主持召开琼崖游击队负责人的军事会议，并指导海南扩大武装斗争。接着，他在香港召集省委军委的干部和有关工作人员开会，部署了东江、粤北等地的军事斗争，并说明他即将赴海南岛参加军事会议。随后，他又到柯麟处辞别。柯麟认为：李硕勋根本不会讲广东话，更听不懂海南话，到琼崖那个陌生的地方搞秘密工作，开展武装斗争是十分危险的。但李硕勋党性强，组织观念强，听从组织分配，准备赴琼崖。他买到船票后，柯麟和爱人陈志英为他送别。他们认为，此去天涯茫茫，是凶是吉，大家都惴惴不安，很难卜算，只得以好言安慰李硕勋，希望他沿途和到达目的后，千万要处处留意。

△ 1931年李硕勋赴海南前在香港的留影

一个星期后，李硕勋乘上了从香港到海口的船，赵君陶和李鹏到码头送行，彼此互道珍重，依依离别。当时，赵君陶已怀孕，但她并没有告诉李硕勋。赵君陶千叮万嘱李硕勋沿途要格外小心，到海南后迅速写信告知地址和去向，并望他参加琼崖军事会议策划游击战争后早点返港。但孰料从此一别，竟成永诀。

➡ 琼山监狱慷慨就义

★★★★★

（28岁）

李硕勋到达海南岛的首府海口市，住在得胜沙路中民旅店，正按秘密地址，与琼崖党组织负责人和琼崖党组织军事负责人联系，准备主持召开琼崖游击队干部的军事会议。他是一个四川人，即不懂广东海南地方话，又没有任何社会关系做掩护，是很危险的，可他并没有躲避这种艰险，总是把党的利益、人民的利益放在第一位，正当他在海口从事紧张的革命战斗的时候，由于叛徒的出卖，李硕勋于7月13日被当时反动军阀广东省军事委员会委员陈策派出的密探逮捕了。

狱中，李硕勋铁骨铮铮，对党忠贞不屈，坚决不泄露党的秘密。敌人使用各种酷刑拷打他，使他皮开肉裂，鲜血直流，体无完肤，两条腿骨被打断。由于叛徒已出卖了他的身份，他只愤怒地说了一句："我李陶是共产党员!"除此之外，敌人休想从他嘴里得到任何一点党的秘密。为了不连累故乡庆符的亲友，他在狱中改籍为四川宜宾人，改名为李世勋，后被反动派押送到琼山县政府监狱审讯，并电呈广东省国民革命军第一集团军总司令陈济棠核办。

在铁窗里，敌人采用软硬兼施的手法，劝李硕勋投降。但李硕勋对党始终忠贞不二，誓不降敌，宁死不屈，自知即将就义。李硕勋唯一放心不下的是还在香港等待着他回信的妻子和儿子。他有很多话没有来得及对妻子说，他担心他的妻子会为自己冒死前来。

李硕勋浮想沉思良久，终于写下了那两封著名的遗书。

一封给妻子赵君陶。

陶:

余在琼已直认不讳，日内恐即将判决。余亦即将与你们长别。在前方，在后方，日死若干人，余亦其中之一耳。死后勿为我过悲。唯望善育吾儿（指李鹏），你宜设法送之返家中，你亦努力谋自立为要。死后尸总会收的，绝不许来，千嘱万嘱。

勋

九 . 十四

信的文字不多，看似无情却有情。"不许来"的用词态度已够明确，"绝不许来"更表明其态度坚决，再加上"千嘱万嘱"，更表明李硕勋对妻子对儿子的全部爱和情。

另一封是寻求安慰照料妻子，给在香港九龙的中共地下党员柯麟医生妻子陈志英的信。

英姐：

我本不认识你，但我曾知你同我的妻子是朋友，故特寄一函存你处托转她。我死不必念，务望代安慰她！！！并望托人照料她回家去！！！

要她向胞兄（章汉夫）处要数百元作路费回家（川），根本把儿子安顿好为要。

勋托

九.十四

这封信在"安慰她"、"照料她回去"的关键句子之后，又连用了六个惊叹号。一再表达了对于妻子和儿子的特殊感情。

▷ 李硕勋烈士的遗书

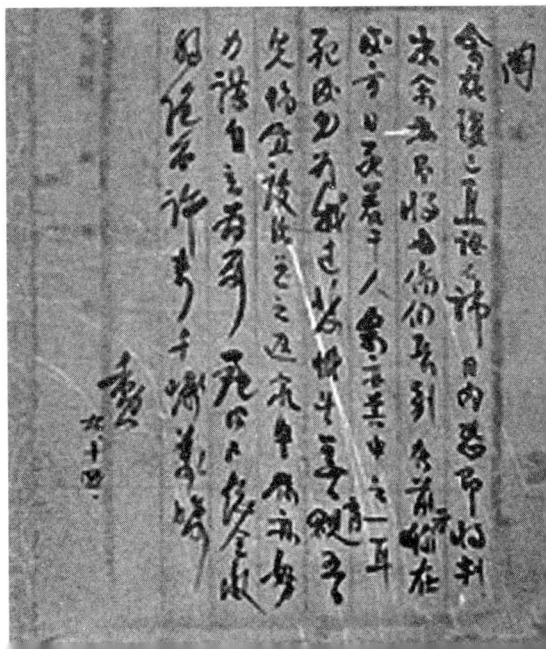

李硕勋写好两封遗书后，对狱中难友进行思想工作。他平时与他们关系很好，讲了很多短小的革命故事给他们听，使听者也深受感动，乐意为他把遗书带出监狱外寄出。

　　第二天，海南的反动派接到电令，在海南将李硕勋就地枪杀。

　　1931年9月5日，李硕勋被反动派押出监狱，赴海口市东校场刑场，由于他的腿骨已被敌人打断，不能走路，敌人用竹筐抬他到刑场。他高呼"打倒蒋介石！""打倒国民党反动派！""中国共产党万岁！"等口号，从容自若，大义凛然。

◁ 李硕勋雕像

△ 朱德题词

一声枪响，李硕勋倒在了血泊中，壮烈牺牲，时年仅 28 岁。

两星期以后，几经周折，李硕勋的遗书才从邮局寄到柯麟、陈志英手中。柯麟、陈志英迅即向章汉夫汇报了情况，要章汉夫派出同志到海口营救李硕勋。随后，又把遗书转给赵君陶。赵君陶得到李硕勋的遗书，马上写信给党中央。党中央指示，要尽力营救，

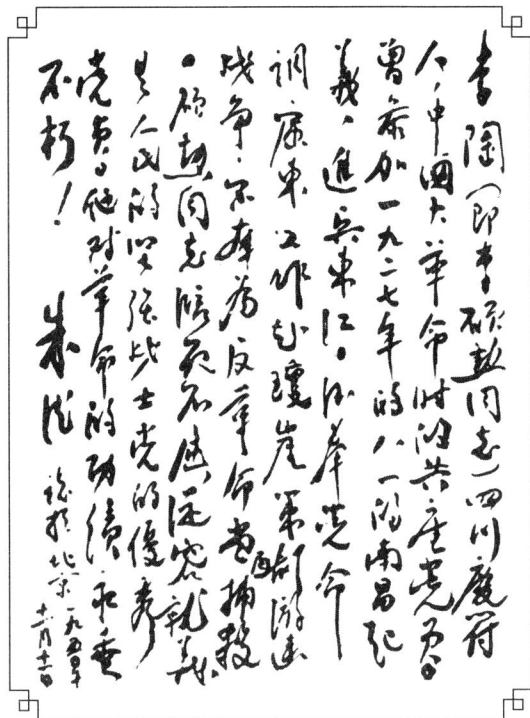

但李硕勋已经遇害。

　　1986 年 12 月 14 日，为了缅怀先烈，进行革命传统教育，经中共广东省委和广东省政府批准，在海口建立了李硕勋烈士纪念亭。中共中央顾问委员会主任、中共中央军委主席邓小平在该亭的李硕勋塑像上题词："李硕勋烈士永垂不朽。"

△ 邓小平题词

△ 聂荣臻题词

126

后　记

追随着英烈的足迹开拓进取

李硕勋短短的一生，充满了如此绚丽的色彩——中国共产党优秀党员、早期全国学生运动的领袖、我军卓越的指挥员、江浙和两广的党组织领导人。如果他没有早早地离去，也许今天他的"知名度"就不仅仅是李鹏的父亲这样简单，但我想他从未考虑过这种事，因为对他来说，参加革命、反帝反军阀，建立一个民主的国家，只是他身为一个中国人所应具备的最基本条件，而不是用来获得功名的证明。

英烈虽然离开了我们，但他参加组织过的活动，为后来的革命事业打下了坚实的基础：

他培养了大批青年党、团员干部，这些人成为后来革命的中坚力量；

他筹建的工农红军第十四军、十五军等工农武装力量，为日后的游击战争作了充分的准备；

他组织建立的学生军，使青年学生接受了军事训练，帮助不少青年学生走上革命道路；

　　在工作上他是一个永远把党和人民利益放在最前面，而把个人利益放在最后的人。不止一次，他为了工作与妻子离别，虽然他也觉得对不起妻子，但他深知自己的妻子会理解他、支持他，尤其是那封他在狱中写给妻子的遗书，反复叮嘱"绝不许来"，要"善育吾儿"，无不显示着他作为一个丈夫、一个父亲对妻儿的不舍而又深沉的爱，烈士崇高的理想、高尚的情操，跃然纸上。他用自己的鲜血灌溉了神圣的国土，使我们古老的祖国今天能开出社会主义的鲜花，结出社会主义的硕果。

　　今天，中国在社会主义现代化建设的道路上高速前进的同时，我们这些青年人更应该学习李硕勋这种为党、为人民无私奉献的精神，追随着英烈的足迹，在党的领导下，开拓进取，为社会主义的中国尽自己一份力量。